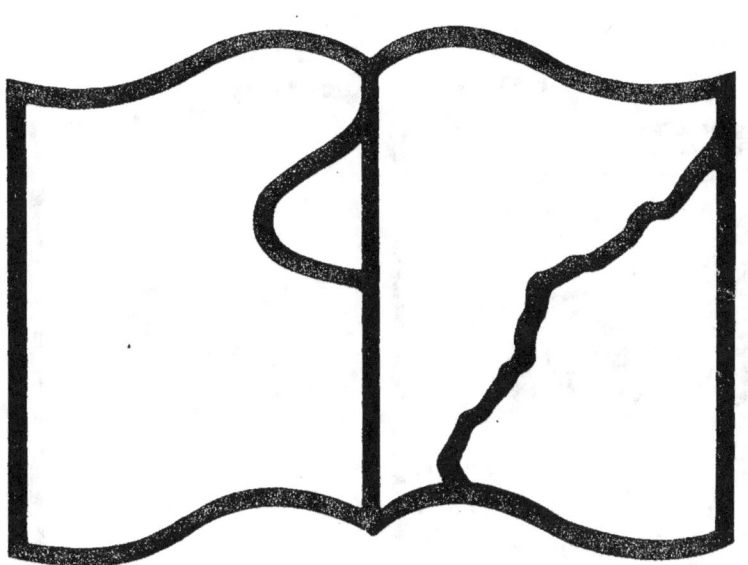

Texte détérioré — reliure défectueuse

NF Z 43-120-11

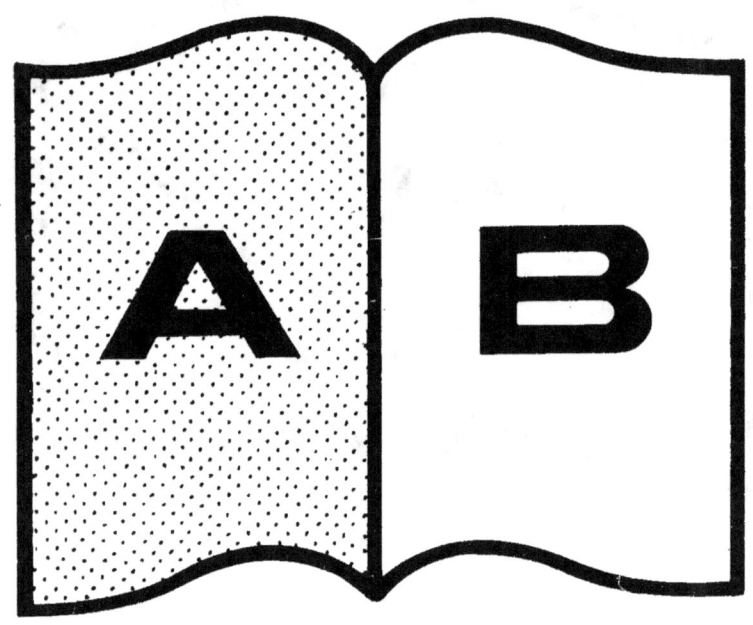

Contraste insuffisant

NF Z 43-120-14

12522

CHALLAMEL éditeur ,

4, rue de l'Abbaye.

PEINTRES PRIMITIFS

Collection de Tableaux rapportée d'Italie

ET PUBLIÉE

PAR M. LE CHEVALIER ARTAUD DE MONTOR

membre de l'Institut.

Reproduite par nos premiers artistes

Sous la direction de M. **CHALLAMEL.**

Dans les plus belles galeries de l'Europe, les tableaux des peintres primitifs sont en petit nombre, et encore les plus anciens ne remontent-ils qu'à la fin du quinzième siècle.

M. Artaud a essayé de combler cette lacune. Il a, pendant plusieurs années, rassemblé les tableaux des peintres italiens qui ont précédé Raphaël et dont le mérite est incontestable. On comprend combien il est curieux de suivre ainsi la peinture dans sa marche à travers les siècles du moyen âge.

Cette collection contient la reproduction de 150 tableaux depuis André Rico, de Candie, jusques et y compris un tableau de Perugin, compositions qui n'ont jamais été gravées. Un texte par M. Artaud de Montor accompagne cet ouvrage et vient en rendre l'intelligence facile.

Il est nécessaire de rappeler ici que M. le chevalier Artaud a été pendant fort longtemps chargé d'affaires de France en Italie, et qu'il a consacré ses loisirs à rechercher des tableaux primitifs. Cette magnifique collection nous met à même de livrer aux amis des arts un monument qui, nous l'espérons, obtiendra leur assentiment.

Cette collection est publiée en 15 livraisons. Il en paraît au moins une par mois, au plus deux. Chaque livraison contient 4 gravures ou lithographies, et 4 pages de texte in-4° avec vignettes sur bois.

Prix de la livraison, épreuve, papier blanc. . 4 »

—— papier de Chine. 5 »

A PARIS,

Chez CHALLAMEL, éditeur, 4, rue de l'Abbaye.

Et chez tous les libraires de la France et de l'étranger.

LES CHANTS

D'UN PRISONNIER

PAR

ALPHONSE ESQUIROS.

Un très-joli vol. in-18. Prix, 3 francs.

Cet ouvrage, écrit à Sainte-Pélagie par l'auteur des *Hirondelles*, du *Magicien*, de *Charlotte Corday*, des *Vierges folles*, etc., contient des impressions de prison, des idées politiques et religieuses, des fantaisies d'art sur la nature, sur la société et sur la femme. Toutes les pièces qui le composent sont *inédites* et tout à fait étrangères à celles que M. Alphonse Esquiros publie le dimanche dans le *Charivari*.

ALBUM DU SALON DE 1840

COLLECTION

DES PRINCIPAUX OUVRAGES EXPOSÉS AU LOUVRE

reproduits par les artistes eux-mêmes, ou sous leur direction,

Par MM. Alophe M., Léon Noël, Challamel, Mouilleron, Français, W. Wyld, Eugène Cicéri, etc.

Texte par JULES ROBERT (*Augustin Challamel*),
Préface par le baron TAYLOR.

Prix, pap. blanc, 30 fr., — pap. de Chine, 40 fr.

Le Salon de 1839, par MM. Léon Noël, W. Wyld, Cicéri, Challamel, Lassalle, etc.; texte par M. Laurent Jan. In-4°, cart., 20 fr.

PEINTRES PRIMITIFS.

OUVRAGES PUBLIÉS PAR M. CHALLAMEL.

Le Portefeuille du comte de Forbin, contenant ses tableaux, dessins et esquisses les plus remarquables, avec un texte par M. le comte de Marcellus, un magnifique volume in-4°. . . . . Papier blanc. . 30 fr.
                                                                      Papier de Chine. 40

Album du Salon de 1843. Collection des principaux ouvrages exposés au Louvre, reproduits par les premiers artistes, texte par M. Wilhelm Ténint. Papier blanc . 24
                                                                      Papier de Chine. 32

Album du Salon de 1842. Collection de dessins, et texte par le même. Pap. blanc. 24
                                                                      Papier de Chine. 32

Album du Salon de 1841. Collection de dessins, et texte par le même. Pap. blanc. 24
                                                                      Papier de Chine. 32

Album du Salon de 1840. Collection de dessins, et texte par M. Augustin Challamel, préface par le baron Taylor.   Papier blanc. . 24
                                                                      Papier de Chine. 32

Album cosmopolite. Choix des collections de M. A. Vattemare, d'après les dessins des principaux artistes de l'Europe. (Cet Album, dédié aux artistes de tous les pays, se compose de plus de deux cents sujets historiques, religieux, paysages, marines, etc.) Magnifique volume in-folio. . . . . Papier blanc. . 150
                                                                      Papier de Chine. 240

Imprimerie de Ducessois, 55, quai des Augustins.

PEINTRES
PRIMITIFS

COLLECTION

DE TABLEAUX RAPPORTÉE D'ITALIE

ET PUBLIÉE

PAR

M. LE CHEVALIER ARTAUD DE MONTOR,

MEMBRE DE L'INSTITUT,

REPRODUITE PAR NOS PREMIERS ARTISTES, SOUS LA DIRECTION
DE M. CHALLAMEL.

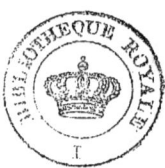

PARIS

CHALLAMEL, ÉDITEUR, 4, RUE DE L'ABBAYE,

FAUBOURG SAINT-GERMAIN.

1843

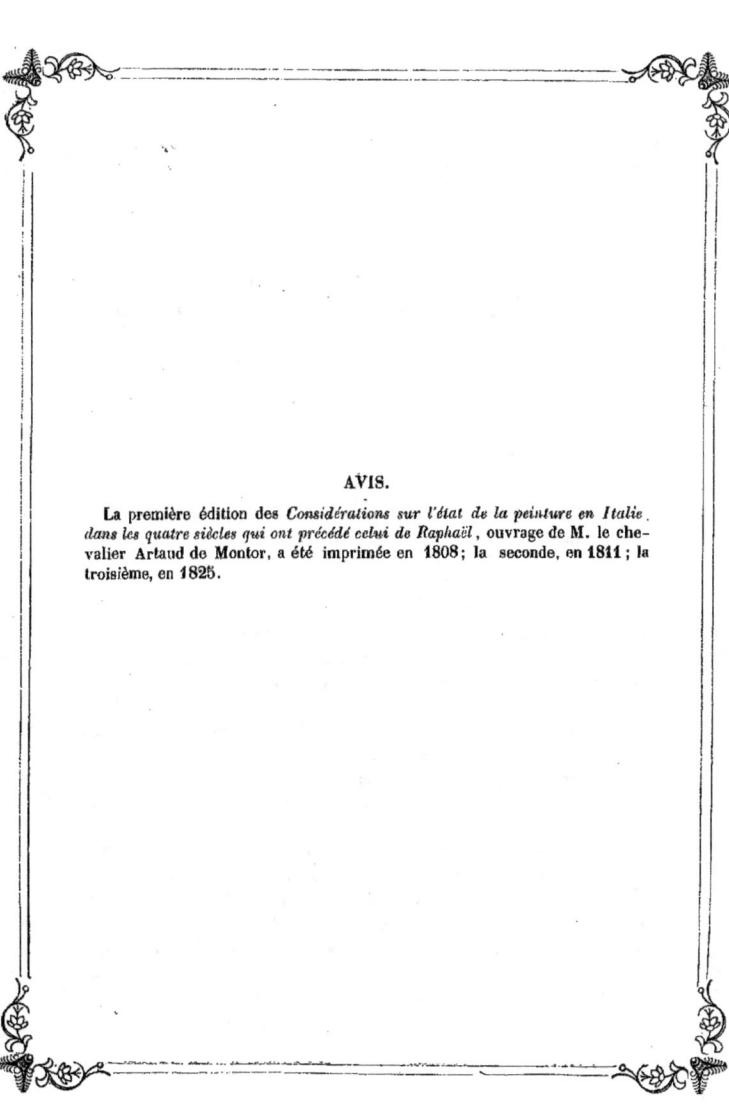

AVIS.

La première édition des *Considérations sur l'état de la peinture en Italie dans les quatre siècles qui ont précédé celui de Raphaël*, ouvrage de M. le chevalier Artaud de Montor, a été imprimée en 1808 ; la seconde, en 1811 ; la troisième, en 1825.

CONSIDÉRATIONS

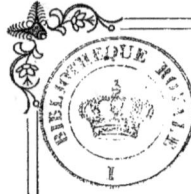

SUR L'ÉTAT

DE LA PEINTURE

EN ITALIE

DANS LES QUATRE SIÈCLES QUI ONT PRÉCÉDÉ CELUI DE RAPHAEL.

Dans toutes les galeries des souverains de l'Europe, nous admirons une riche collection de tableaux des plus grands maîtres italiens; mais en général, parmi ces tableaux, les plus anciens ne remontent qu'à la fin du quinzième siècle. Il est impossible de trouver dans ces ouvrages l'enfance de l'art, dont nous n'avons aucune idée; en parcourant ces galeries, on se demande s'il n'a pas existé précédemment des auteurs qui soient dignes aussi d'une place honorable dans nos musées. J'ai donc conçu le projet de faire en Italie les recherches convenables, pour parvenir à connaître les maîtres qui ont précédé Raphaël, entre autres Pérugin, Antonio Veneziano, Giotto, Cimabué, et pour rassembler des tableaux des premiers temps.

Ces recherches devaient nécessairement être faites en Toscane et à Venise, où sont venus s'établir les premiers peintres grecs avec lesquels commencent les anciennes écoles florentine et vénitienne. Là, il est facile de voir qu'on a accrédité en Europe quelques erreurs; que Cimabué, Florentin, représenté par Vasari comme le premier élève des Grecs, et le restaurateur de la peinture en Italie, a été précédé d'autres peintres italiens; qu'un demi-siècle avant Cimabué, l'école siennoise a produit Guido de Sienne; que

Guido de Sienne a été, à son tour, précédé des deux Bizzamano et de Barnaba, peintres grecs, venus de Constantinople.

Vasari, né à Arezzo, ville dépendante de Florence en parlant de Cimabué comme du créateur de la peinture [1], n'avait pas ignoré l'existence de Guido de Sienne ; mais l'esprit de division qui régnait alors entre Sienne et Florence, et qui peut-être règne encore un peu aujourd'hui, au point qu'à Florence on parle quelquefois d'un Siennois comme d'un étranger, ne permit pas, sans doute, à Vasari de louer un peintre qui n'était pas son compatriote, et sa partialité pour sa patrie le rendit injuste et historien infidèle.

Le grand tableau de Guido de Sienne, qui est si connu, porte une signature authentique, et la date de 1221 ; il est placé dans la chapelle des Malevolti, à Saint-Dominique de Sienne, et il offre cette inscription en vers Léonins :

Me Guido de Senis diebus depinxit amenis *(sic)*,
Quem Christus lenis nullis velit agere penis.
Anno MCCXXI.

Il existe, d'ailleurs, beaucoup d'autres tableaux de ce maître. Ses airs de tête, surtout dans ses saints et dans ses évêques, sont très-nobles. Les Guido de Sienne de ma collection, me paraissent, et c'est l'avis de plusieurs personnes célèbres de Florence, et particulièrement de M. Sampieri, expert de cette ville, qui a retrouvé dans ces compositions, le ton, la couleur, les formes du tableau de la chapelle Malevolti, me paraissent, dis-je, préférables à tous les tableaux de Cimabué que j'ai pu réunir : leur style est encore plus franc, plus déterminé que celui de la madone de ce dernier auteur, que l'on conserve si précieusement à Santa Maria Novella, de Florence.

Cimabué n'en obtint pas moins, pendant sa vie, les éloges de ses contemporains : la mémorable visite que lui fit Charles de France, comte

---

[1] Beaucoup de ces erreurs de Vasari ont été combattues avec avantage par Bottari et d'autres auteurs ; mais j'ai voulu rapporter en entier les renseignements que j'ai reçus de différents savants, parce que ces renseignements présentaient, en général, des détails piquants et nouveaux, surtout en ce qui concerne Barnaba, les deux Bizzamano, etc.

d'Anjou, frère de saint Louis, et roi de Naples, sous le nom de Charles Ier, ne servit pas peu à augmenter la gloire de ce maître, en même temps qu'elle prouva que partout les Français honorent les arts et les artistes.

Depuis cette visite, le faubourg où logeait Cimabué conserve à Florence le nom de Borgo-Allegri, parce que le roi Charles se fit accompagner, comme dans un jour de fête, de ses gardes, de ses courtisans, et d'une nombreuse suite de pages et d'écuyers. Guido de Sienne ne fut pas comblé de tant d'honneurs, mais il les aurait mérités peut-être autant que Cimabué.

Je vais offrir quelques réflexions sur cette controverse qui a divisé beaucoup d'écrivains, et je rapporterai les opinions de Lanzi, qui a traité cette matière avec autant de bonne foi que de talent. D'ailleurs quelques personnes, parmi lesquelles sont des savants allemands, recommandables par leur mérite, ayant remarqué que j'adoptais avec un peu de précipitation les idées des auteurs qui ont écrit contre Vasari, je crois devoir développer ici mon opinion, et m'appuyer de l'autorité de Lanzi, qui sera d'un plus grand poids que la mienne[1]. L'écrivain qui a le plus défendu Vasari est Baldinucci, auteur de l'ouvrage intitulé : *Notizie de' professori del disegno da Cimabué in quà*, Florence, 6 vol. in-4°, de 1681 à 1688, et continué par son fils, de 1702 à 1728. Cet auteur a écrit que tout ce que l'Italie a produit de bon en peinture, en sculpture et en architecture, vient immédiatement de Florence. Il commence par manifester ainsi son idée : « Pendant que je travaillais à mon ouvrage, je me convainquis intimement que les arts avaient dû leur restauration à Cimabué, ensuite à Giotto, et aux artistes leurs élèves, qui répandirent les arts dans tout le monde, et je résolus de le prouver jusqu'à l'évidence, en composant un arbre (en quelque sorte généalogique), dans lequel on verrait que les arts étaient venus jusqu'à nous en partant de ce point. »

Baldinucci présente en effet cet arbre généalogique ; mais il se fonde sur des faits que l'on a droit de contester : sa première erreur est de désigner comme élève de Cimabué, né en 1240, André Tafi, né en 1213. Cimabué n'a guère pu donner des leçons qu'en 1270, à trente ans, après avoir fait les fresques d'Assise, et alors son élève en aurait eu nécessairement cinquante-

---

[1] Voyez Lanzi, *Storia pittorica della Italia*, Bassano, 1809, grand in-8°, tome 1, page 23 et suivantes.

sept. Baldinucci, après avoir établi que Tafi a été élève de Cimabué, affecte d'ignorer que le premier est né vingt-sept ans avant ce maître; il cite ensuite comme élève de Tafi, Frà Mino da Turrita, mosaïciste, et rapporte que celui-ci mourut en 1300 environ. Il ne dit pas qu'il florissait en 1225, ce qui est constant, puisque sa mosaïque de Saint-Jean, à Florence, porte en grandes lettres cette inscription :

Viginti quinque Christi cum mille ducentis.

Sans doute il craignait que cet aveu ne ruinât une partie de son système.

Il importe peu à la cause de Cimabué, défendue par Baldinucci, que le reste de l'arbre généalogique offre des renseignements plus véridiques. Quoi qu'il en soit, suivant Piacenza lui-même, architecte piémontais, à qui l'on doit une belle édition de Baldinucci, in-4° faite à Turin en 1768 et 1770, et enrichie de notes savantes, cette invention de l'arbre de Baldinucci n'est pas très-heureuse.[1]

Le Père della Valle, dans la préface de son édition de Vasari[2], et Da Morrona, dans sa *Pisa illustrata*[3], sont à peu près du même sentiment. Enfin, l'estimable auteur de l'*Etruria Pittrice*, ouvrage composé à Florence, en 1791 et 1795, se montre dégagé de tous les préjugés qui obscurcissaient le commencement de l'histoire de la peinture, et rend à chacun une justice exacte.

Baldinucci eut des contradicteurs, même dans sa propre ville, comme on le voit par son ouvrage de *la Veillée*. Il faut cependant convenir qu'il écrivait dans des temps où l'on était moins éclairé sur l'origine de la peinture, et qu'il soutenait un avis plus commun alors en Italie, qu'il ne l'est aujourd'hui. Il avait d'ailleurs promis au cardinal Léopold de Médicis[4], de défendre ce parti, pour l'honneur de la patrie et de l'illustre maison qui gouvernait Florence. Les princes de cette famille lui avaient accordé tous les encouragements convenables, pour qu'il avançât hautement cette opinion, et qu'il détruisît l'opinion contraire. Ensuite, Baldinucci devait répondre à

[1] Voyez l'édition de Baldinucci, par Piacenza, tome I, pages 131 et 202.
[2] Page 27.
[3] Page 154.
[4] Lanzi, *Storia pittorica*, tome I, page 28.

Malvasia, qui avait traité Vasari avec beaucoup de dureté, et qui prétendait venger, non-seulement l'honneur de la ville de Bologne, mais encore celui de toute l'Italie, et même de la France, en citant, à l'égard de cette dernière contrée, un passage de Félibien, qui atteste que l'art du dessin s'était maintenu chez nous, même dans les siècles barbares, et qu'il y avait fait autant de progrès, du temps de Cimabué, que dans tout le reste de l'Italie. Malvasia s'était servi d'expressions peu mesurées et sévères, qui avaient irrité Baldinucci. Ce dernier, pour prouver que les Bolonais, les Siennois, les Pisans, et les autres, n'avaient appris l'art que des Florentins, se forma un système dont il n'aperçut pas sur-le-champ toute la fausseté : mais plus tard il la connut, comme l'observe encore Piacenza, son éditeur. Les auteurs des systèmes, même les plus ingénieux, sont sujets à de telles erreurs, et l'histoire des lettres est remplie d'exemples semblables [1].

D'après ces considérations, il ne serait pas possible de se déclarer le défenseur des opinions de Baldinucci ; cependant il ne faut pas tout accorder à ceux qui les blâment trop ouvertement. Toute l'amélioration de la peinture ne vint pas seulement de Florence. Bien des auteurs ont observé que la marche de l'esprit humain dans les beaux-arts est partout la même. Quand l'homme est mécontent de ce qu'il a appris étant encore jeune, il passe de ce qui est barbare à ce qui l'est déjà moins; il arrive à quelque chose de plus exact et de plus précis; de là il s'élève jusqu'au style noble et choisi, et il finit par contracter de la facilité. C'est ainsi qu'il en a été de la sculpture des beaux temps de la Grèce. Il en a été ainsi de la peinture moderne. Le Corrége, pour parvenir d'un style soigné à un style plus brillant, n'eut pas besoin de savoir que Raphaël avait fait un pas semblable [2], ni de s'en assurer de ses propres yeux. De même les *miniateurs* [3] et les peintres des treizième

---

[1] Lanzi, tome I, page 29.

[2] Lanzi, tome I, page 30.

[3] Dans le quatorzième siècle, il y avait sans doute des *miniateurs* qui enrichissaient de peintures les manuscrits : il paraît que les *miniateurs* se trouvaient en grand nombre à Paris ; c'est un auteur italien qui nous apprend cette particularité.

Dante rencontre Oderigi da Gubbio dans le purgatoire, et lui dit :

> *Non se' tu Oderisi*
> *L'onor d'Agobbio, e l'onor di quell' arte*
> *Ch'alluminare è chiamata in Parisi?*

CHANT XI, vers 79 et suivants.

et quatorzième siècles, n'eurent pas besoin de savoir comment l'école Florentine avait avancé l'art, mais plutôt d'arriver à connaître s'ils ne marchaient pas dans la mauvaise route. Les guerres et l'esprit de parti interceptaient plus qu'on ne pense toutes les communications; les petites jalousies des républiques du moyen âge concentraient, dans chacune des nations, les talents qu'elles avaient produits : cet instinct naturel à tous les hommes, qui les porte à chercher en tout une sorte de perfection, ou peut-être le bruit du succès des artistes voisins, forma partout des peintres. Les Pisans et leurs élèves montrèrent des monuments de sculpture avant les Florentins, et il serait injuste de ne pas considérer les progrès de la sculpture, comme pouvant contribuer au perfectionnement de la peinture. Dès 1250, quand Cimabué n'avait que dix ans, les *magistri lapidum* de Sienne et les sculpteurs formaient dans la ville un corps civil, et demandèrent des règlements à part [1]. On ne sait pas si leur demande fut accordée; mais ce progrès de l'étude de la statuaire peut laisser présumer le progrès de la peinture. La bataille de Monte-Aperto, que gagnèrent les Siennois sur les Florentins du parti guelfe, date de l'an 1260 (alors Cimabué n'avait que vingt ans).

Cette victoire qui accrut la puissance de Sienne, donna un nouvel aliment aux arts de luxe : les habitants attribuèrent ce bonheur à la médiation de la Vierge, et multiplièrent ses images dans les rues et dans les places publiques.

Si les Siennois eussent su alors profiter de la victoire, et si, au lieu de s'occuper à soumettre quelques châteaux limitrophes du territoire Florentin[2], ils eussent marché sur Florence avec les Florentins du parti gibelin, qui avaient été leurs auxiliaires dans la bataille, peut-être Sienne fût-elle parvenue à soumettre plus tard la république de Florence : alors les historiens Siennois auraient prévalu sur les historiens Florentins, et l'assentiment général de toutes les villes d'Italie aurait sanctionné leurs opinions, confirmées par le droit de la guerre. Mais en succombant dans la lutte qui régna longtemps entre les deux peuples, les Siennois ne pensèrent pas à

[1] Lanzi, tome I, page 231.
[2] Histoire des républiques italiennes du moyen âge, de M. Sismondi, tome III, page 241.

réclamer contre des faits devenus plus indifférents pour eux, depuis qu'ils avaient perdu leur indépendance politique.

D'autres réflexions contre une partie du système de Baldinucci, viennent ici se présenter en foule. Si toute l'amélioration de la peinture n'était due qu'à Cimabué et à Giotto, tous les bons artistes seraient donc sortis de Florence ? Si tous les peintres n'avaient vu que ces deux maîtres, toutes les manières seraient donc semblables à celle des Florentins, véritablement leurs élèves? Mais on remarque un style différent dans les anciennes peintures de Pise, de Sienne, de Venise, de Milan, de Bologne et de Parme. Ce sont d'autres idées, un autre choix de couleurs, un autre goût de composition, un autre système de draperies, une invention tout à fait différente. Il n'y a aucune conformité de style dans les ouvrages de Cimabué et ceux de Guido de Sienne, de Giunta de Pise, qui fut invité à venir peindre à Assise, vers 1230; de Bonaventure Berlinghieri de Lucques, qui florissait en 1235; de Niccolò della Masnada di San Giorgio, qui peignait à Ferrare en 1240; de Guido, de Ventura et d'Ursone dont on trouve les traces à Bologne jusqu'en 1248, et encore moins dans les portraits de Tullio de Pérugia, qui travaillait en 1219 [1].

En mettant ici chaque fait à sa place, il ne faut pas oublier que, si tous les peintres ne sortirent pas de Florence, comme l'annoncent Vasari et Baldinucci, toute l'autre partie de leur système est fondée. Guido de Sienne (pour ne parler que d'un seul artiste), a travaillé avant Cimabué ; il a un mérite d'antériorité incontestable : mais Guido de Sienne n'a fait que des madones, quelques saints, des têtes de vieillards; et en copiant sans cesse les mêmes idées, il a pu, comme plus tard le Bassan, arriver à une perfection relative.

[1] Tullio, par dévotion à saint François, et en reconnaissance d'une grâce qu'il assurait devoir à son intercession, se rendit à Assise pendant le fameux chapitre *delle stuore*, pour y peindre ce saint d'après nature. Ce portrait, qui est perdu, a été gravé par Parini de Perugia, sur une autre estampe faite un siècle auparavant. Au-dessous du buste du saint, on lisait cette inscription en caractères romains : « *Io Tullio pittore di Perugia esendo* (sic) *stato guarito da questo beato huomo F. Francesco d'Assisi di una grandissima apoplesia, sono andato quest anno MCCXIX al capitolo delle store alla M. Deli angeli et ho fato* (sic) *el presente suo ritratto sopra di lui per divocione che io ho in questo beato huomo.* » Je dois cette note à M. Pouyard, savant très-versé dans la connaissance des antiquités ecclésiastiques.

Quant à Cimabué, il a pris un essor plus hardi; il a composé des fresques
d'une grande dimension : aussi, après avoir déclaré que Cimabué n'est venu
que depuis Guido de Sienne, il faut avouer qu'il a plus mérité de son art
que ce dernier. Après Cimabué, que Lanzi appelle le Michel-Ange de cet
âge [1], à cause des fresques d'un beau style qu'on doit à son pinceau, Giotto
peut être appelé le Raphaël de ce temps. Sous Giotto, la peinture acquit
déjà tant de grâce, qu'aucun de ses élèves, jusqu'à Masaccio, ne put le
surpasser : il fut architecte et sculpteur. On a conservé plusieurs de ses
modèles en terre, jusqu'au temps de Laurent Ghiberti, mort en 1455. Tout
en lui annonce l'étude de la sculpture; il a des plis larges et majestueux;
quelquefois même ses personnages ressemblent trop à des statues. L'auteur
de *la Guida di Bologna,* lui reproche d'avoir *dello statuino.* Il peignit à
Assise des traits de la vie de saint François, à côté des fresques de son maître
Cimabué. Plus Giotto avance dans son entreprise, plus on voit qu'il devient
correct et élégant : il soigne plus les extrémités, les attitudes, les paysages;
enfin il est, pour les Italiens, le père de la nouvelle peinture, comme Bocace
est le père de la nouvelle prose [2]. A peine Giotto est-il revenu d'Assise, que
Boniface VIII l'appelle à Rome, et il est prié ensuite, par Clément V, de se
rendre à Avignon. A son retour, il travaille pour les plus grandes maisons
d'Italie, à Ravenne, à Rimini, à Ferrare, à Milan, à Vérone, à Urbin, à
Arezzo, à Naples, à Bologne et à Pise, qui préparait aux plus illustres artistes, dans son *Campo santo,* une lice où ils pouvaient combattre, comme
on avait fait autrefois à Corinthe et à Delphes [3]. Après Giotto, on recher-
cha ses élèves Cavallini, Capanna, dans l'école romaine; les deux Pace de
Faenza, Ottaviano et Guglielmo de Forli, dans l'école bolonaise; Simon
Memmi, à Avignon. Ainsi Giotto, pendant tout le quatorzième siècle,
servit de modèle, comme Raphaël dans le seizième, et les Carrache dans le
siècle suivant; et il n'a pas existé, en Italie, une quatrième manière qui
ait obtenu un tel succès.

On peut donc inférer de tous ces rapprochements, que de l'école florentine seule, le nouveau style se répandit dans toute l'Italie déjà préparée
par plusieurs artistes célèbres, à recevoir de telles leçons; et l'on conclura

[1] Lanzi, tome I, page 18.
[2] Lanzi, tome I, page 51.
[3] Pline, XXXV, 9.

que, dès le commencement de la renaissance des arts, la plus grande obligation, et non pas toute l'obligation fut due aux Florentins.

La préexistence de Guido de Sienne et d'autres maîtres, une fois reconnue, les services rendus à l'art par Cimabué et Giotto, une fois constatés, il faut rechercher quels sont les peintres qui ont fait à cette époque des tableaux portatifs.

Entre Guido de Sienne et Cimabué, on trouve, en Toscane, deux peintres qui sont dignes d'éloges, Tafi Florentin, dont il a été parlé plus haut, et Margheritone d'Arezzo.

Tafi a introduit le premier dans ses ouvrages des anges qui jouent du violon. Margheritone a composé beaucoup de tableaux-portraits.

Pendant que Guido de Sienne travaillait en Toscane, Venise avait une école que l'on nomme ancienne école vénitienne. Cette école a produit très-peu de tableaux, des adorations de Mages et de Pasteurs, quelques Madones, des portraits de saints ; on copiait toujours les mêmes sujets : il y avait très-peu de différence dans la disposition des figures. La Sainte-Vierge y est toujours représentée assise, tenant sur ses genoux l'Enfant-Jésus, qui, de la main droite, donne la bénédiction à la manière des Grecs, c'est-à-dire en appuyant le doigt annulaire sur le haut du pouce, et en élevant les trois autres doigts, tandis que de la gauche il tient le globe du monde, fascé d'un zodiaque et surmonté d'une croix d'or : quelquefois aussi la Vierge embrasse l'Enfant ou lui donne le sein. Les répétitions si multipliées de semblables tableaux, font croire qu'en général ce sont des copies plus ou moins soignées des images célèbres de Constantinople ou des principales églises d'Orient, auxquelles les fidèles avaient le plus de dévotion, et dont ils ne pouvaient autrement se procurer les traits, puisqu'on n'avait pas encore inventé l'art de la gravure.

Dans les monuments antérieurs au Concile d'Ephèse, tenu l'an 431, contre l'hérésie de Nestorius, la sainte Vierge était toujours peinte sans l'Enfant-Jésus; mais la maternité divine ayant été reconnue par ce Concile[1], on s'empressa de peindre la Vierge avec son enfant. Cet usage s'établit, et l'on s'y conforma avec d'autant plus d'exactitude, qu'il n'était pas permis aux artistes grecs de se livrer à leur imagination, ni de s'éloigner en rien

[1] V. Gli opuscoli Calogeriani, tome 43.

du système de composition reçu pour les tableaux sacrés. C'est au main-
tien scrupuleux de cette règle que nous devons la transmission, pour ainsi
dire, des traits des saints Apôtres. En effet, il est aisé de remarquer l'iden-
tité de ces traits, qui sont partout les mêmes dans les peintures des écoles
grecques ou de celles qui en dérivent, malgré la différence de siècle et de
pays; dans les mosaïques des anciennes églises de Rome, de Ravenne, de
Venise, de Naples et de Sicile; dans les miniatures des manuscrits, dans les
diptiques ou triptiques[1] en bois, en ivoire, en métal, que nous avons aujour-
d'hui sous les yeux. Les écoles grecques avaient encore un autre usage,

---

[1] On appelle triptiques du mot grec τρίπτιχον, *triplex imago*, des tableaux qui
sont ordinairement composés de trois tableaux séparés : un de ces tableaux, qui est le
plus grand, sert de sujet principal, et les deux autres se referment sur le premier,
comme des volets. On appelle encore cette sorte de tableaux *tabernacles ou diptiques*.
Ils reçoivent ce dernier nom quand ils ne se composent que de deux pièces, qui se
referment l'une sur l'autre. Il y en a cependant de cinq et même de six ou huit pièces.
Quelquefois les volets sont peints en dedans et en dehors. On ne s'en servait d'abord
dans l'Église grecque que pour des oratoires domestiques ; bientôt les Occidentaux
empruntèrent cet usage; on en peignit ensuite dans l'Orient et dans l'Occident pour
les autels des églises. En Occident, où le goût dit gothique avait prévalu, on les ter-
minait en angle aigu ; mais dans la Grèce, où l'on préféra toujours les lignes droites,
on les faisait carrés ou cintrés, comme quelques-uns des tableaux que nos temples
offrent encore aujourd'hui. On trouve de ces tabernacles ou triptiques sculptés en
bois ou en ivoire. (M. le prévôt Gori en a publié quelques-uns dans son ouvrage intitulé *Trésor des Diptiques*. M. Du Sommerard en a publié dans son grand ouvrage
les Arts au moyen âge '. De nos jours, les Russes en ont de métal, et d'une forme
portative, à l'usage des soldats : c'est devant ces tabernacles qu'ils font leurs prières.
Ces sortes de tableaux ont été appelés en Italie *tavolette, ancona, cona*, du mot
grec εἰχών, *imago*. Monsignor Garampi, dans ses mémoires della beata Chiara de
Rimini, page 70, note 2, cite une légende de 1442, où il est fait mention d'une de
ces *ancone. Ancona sive tabula erecta super altare, plena multis reliquiis*. Le
sénateur Buonarroti parle aussi fort au long de ces tabernacles, en illustrant le diptique
du monastère de Rambone, dans la Marche. Voyez *Osservazioni sopra gli antichi
vasi di vetro*, page 267. M. Millin a fait graver le fameux triptique peint, vers 1450,
par le roi Réné d'Anjou, comte de Provence, roi de Naples et de Sicile ; on conserve ce monument à Aix, dans le département des Bouches-du-Rhône. Le tableau du
milieu représente le buisson ardent, au milieu duquel est assise la Sainte Vierge tenant
dans ses bras l'Enfant-Jésus; sur les volets, on voit d'un côté ce bon roi entouré des
saints ses protecteurs, et de l'autre, la reine sa femme, également entourée des
saints ses patrons.

que l'ancienne école vénitienne du douzième siècle conserva quelque temps. Les peintres plaçaient au haut de leurs tableaux le nom des saints qu'ils représentaient, en rangeant les lettres tantôt sur une ligne perpendiculaire, tantôt sur une ligne horizontale. Cet usage avait lieu surtout, parce qu'il était défendu aux Grecs de vénérer les images sans nom et inconnues. C'était une suite du système des iconoclastes. Saint Paulin dit :

> Martyribus medium pictis, pia nomina signant.

C'est ce point qui constitue la différence qu'on trouve dans les images ou tableaux des artistes grecs et des artistes latins. Ces derniers, depuis longtemps, ne caractérisent leurs saints que par les attributs qui leur sont particuliers; saint Pierre par des clefs; saint Jean-Baptiste par une croix; saint Paul par une épée etc.; tandis que les Grecs, qui ne reconnaissent d'attributs divers que pour chaque hiérarchie, comme pour les anges, les apôtres, les évêques, les vierges, les matrones, etc., ont toujours été obligés de distinguer les saints par leur nom placé en haut ou au bas du tableau, usage qui fut observé quelque temps par les écoles latines d'origine grecque.

Ces observations ne sont pas cependant tellement propres à l'ancienne école vénitienne, qu'on ne puisse les appliquer à l'ancienne école florentine, qui présente un peintre nommé Barnaba, et deux autres nommés Bizzamano (ces deux derniers sont peut-être parents d'un autre artiste du même nom, qu'on sait avoir vécu plus d'un siècle après eux), qui ne composaient aussi que des Vierges avec l'Enfant-Jésus, dans de très-petites proportions : quelquefois cependant ils introduisaient saint Joseph dans leurs tableaux, et représentaient des adorations de Mages. On connaît encore André Rico, qui florissait à Candie à la fin du onzième siècle, et au commencement du douzième.

Le premier tableau de ma collection a été jugé d'André Rico, parce qu'il renferme en partie l'idée d'un tableau de ce maître, qui est dans la galerie de Florence, avec cette inscription rapportée par Lanzi :

> Andreas Rico de Candia pinxit.

Lanzi a négligé d'ajouter qu'au-dessous est encore écrit, du même caractère : In XI seculo; ce qu'il était cependant important de ne pas oublier.

Je me suis bien assuré qu'il était impossible de trouver en Italie les traces d'un peintre de tableaux portatifs antérieur à André Rico ; aussi est-ce celui qu'on peut regarder comme le premier qui nous soit connu.

Jusqu'au milieu du neuvième siècle, les différentes irruptions des barbares, les persécutions des iconoclastes [1] ou briseurs-d'images, avaient partout retardé ou empêché les progrès de la peinture : on doit penser qu'elle s'était toujours conservée chez les Grecs ; quelques auteurs prétendent aussi qu'il existait alors des peintres en Italie [2] ; mais leurs ouvrages et leurs noms ne sont pas parvenus jusqu'à nous [3].

Il est d'autant plus vraisemblable, suivant le témoignage de Tiraboschi et de Lanzi, qu'il existait alors des peintres en Italie, que Rome et d'autres villes offrent des peintures à fresque du même âge que les mosaïques des absides des plus anciennes églises, par conséquent, des peintures très-antérieures au douzième siècle. Les auteurs de ces peintures sont, ou des religieux grecs, réfugiés à Rome et dans d'autres villes d'Italie, lors des différentes émigrations occasionnées par les poursuites des iconoclastes, ou des élèves de ces mêmes religieux qui en formèrent partout. Léon Allatius, dans son livre *de Perpetuâ consensione*, livre 1, chapitre VI, page 122, semble confirmer cette assertion.

Cette autorité est fortifiée par celle du père Papebrock, dans son ouvrage intitulé : *Paralipomena in catalogo sanctorum*, part. 2, page 54, col. 1, à l'occasion d'un portrait de saint Grégoire, dont le nom est en caractères grecs.

Je vais joindre ici la nomenclature des peintures à fresque, à peu près de ce temps, qui existent encore à Rome : il n'y a pas de doute qu'après celles des thermes de Titus, qui sont évidemment du premier siècle, et celles des catacombes, qui sont généralement des quatrième et cinquième

[1] En 726, Léon l'Isaurien entreprit d'abolir le culte extérieur qu'on rendait aux images, et fit briser celle de Jésus-Christ, qui était placée sur la grande porte de l'église de Constantinople.

[2] Voyez Tiraboschi, *Histoire de la littérature italienne*, tome IV, vers la fin ; la *Dissertation* de Lami sur les peintres qui florissaient du dixième au treizième siècle : elle est ajoutée au traité de la peinture de Léonard da Vinci, Florence, 1792.

[3] Il devait sans doute exister des peintres en Italie, et le culte des images devait y être en vénération, puisqu'on refusa quelque temps d'y exécuter les ordres de Léon l'Isaurien. Ce prince n'ayant pu réussir à faire partager ses opinions aux savants de Constantinople, avait ordonné qu'ils fussent enfermés dans la bibliothèque publique,

siècles, les plus anciennes ne soient celles de l'église souterraine de Saint-Urbain, au-dessus de la grotte de la nymphe Egérie et de la vallée *Caffarella*; celles de l'église souterraine de Saint-Martin-des-Monts; celles de la chapelle de *Sancta sanctorum*; de l'intérieur du clocher de Sainte-Praxède; de l'oratoire de Saint-Sylvestre, dans le couvent de Saint-Martin-des-Monts; de l'église supérieure de la *Caffarella*; du Calendrier de l'ancien laboratoire des Cisterciens; du monastère de Saint-Vincent et de Saint-Anastase, aux Trois-Fontaines, bâti en 624; de l'ancienne sacristie de Saint-Sabas, église qui appartenait aux Basiliens grecs réfugiés; de la sacristie de la basilique de Saint-Paul-hors-les-Murs; quelques fragments dans l'église de Sainte-Marie *in Cosmedin*; les peintures de l'église souterraine de Saint-Cosme et Damien *in campo vaccino*; celles de l'ancien portique de Sainte-Cécile, dont le seul tableau qui reste a été transporté dans l'intérieur de l'église; celles de la chapelle des Marbriers, dans la cour de l'église de *Santi-Quattro*; enfin celles du portique de Saint-Laurent-hors-les-Murs. Ces fresques annoncent, par le style, le dessin, et par leurs vues d'architecture, tous les principes des écoles grecques.

J'ai visité, dans tant de voyages à Rome, les fresques que je viens de citer, et je n'en ai été que plus animé du désir de réunir la collection que je possède. Ces fresques appartiennent au sol sacré de Rome; il est impossible de les en détacher; mais ma collection a pu venir en France, et je

et il y avait fait mettre le feu. Tous y avaient été consumés, ainsi que plus de cinquante mille manuscrits, les antiquités et les tableaux qui y étaient conservés.

Les iconoclastes ne purent pas, sur-le-champ, commettre en Italie les mêmes violences; mais, à la fin du règne de Léon, et sous Constantin-Copronyme, ils commencèrent à briser et à brûler toutes les images qu'ils rencontraient. Artavasde fit un moment la guerre aux iconoclastes. Constantin Copronyme le vainquit, et permit cependant les persécutions. Léon IV allait être encore plus cruel que son aïeul Léon l'Isaurien, lorsqu'il finit ses jours en 780. Nicéphore Ier, qu'on peut appeler le premier prince du Bas-Empire, ou de l'empire des Grecs, favorisa aussi les iconoclastes. Michel Rhangabé rétablit le culte des images en 812. Léon V, l'Arménien, s'y déclara contraire en 820. Michel II tâcha de concilier les catholiques et les iconoclastes, en permettant le culte des images, seulement dans les provinces; ensuite il protégea ouvertement ces derniers. Théophile imita son exemple. Enfin, l'impératrice Théodora, veuve de Théophile, rétablit tout à fait ce culte en 845. Les persécutions durèrent 119 années. De 845 jusqu'à André Rico, il a pu exister beaucoup de peintres dans l'empire des Grecs et en Italie.

puis continuer mes études sur les arts de ces temps, même quand je suis éloigné de cette chère Italie.

Puisque, dans la Péninsule, on ne connaissait aucun auteur de tableaux portatifs qui précédât André Rico, j'ai pris pour base de mes observations l'époque à laquelle vivait ce maître, c'est-à-dire le commencement du douzième siècle ou la fin du onzième. J'ai porté ensuite mes recherches jusqu'à la fin du quinzième, et jusqu'au moment, à peu près, où cessa de travailler Pérugin, maître de Raphaël.

Un tableau de Pérugin, daté de l'an 1500, se trouve dans l'église de Vallombrose, près Florence. Ce peintre était alors âgé de 54 ans : quoiqu'il fût très avare et qu'il soit mort très-vieux, on a observé qu'il s'est borné, depuis ce moment, à seconder de ses conseils ses jeunes élèves. Ainsi les travaux du Pérugin paraissent finir avec le quinzième siècle, et c'est là le terme où finissent également mes observations.

Il convient peu à un particulier de penser à rassembler des tableaux authentiques de Raphaël, du Corrége, de Jules Romain, d'André del Sarto, des Carrache, du Guide, du Dominiquin, et de tant d'autres grands hommes : une collection dans ce genre qui ne serait pas faite par un gouvernement puissant, ne pourrait être qu'incomplète; tandis qu'on a pu, avec du zèle, des soins infinis, des sacrifices et de la persévérance, parvenir à former ma collection, qui est assez complète pour aider, par la suite, une main plus exercée que la mienne à composer l'histoire générale de l'art à cette époque, en ce qui concerne l'Italie [1].

On parle de Raphaël à nos jeunes artistes, comme du peintre qui a le plus honoré le seizième siècle. On rend à ce glorieux génie toute la justice qu'il mérite; mais pourquoi ne pas leur apprendre, et leur démontrer que, quatre siècles avant Raphaël, on avait su déjà mettre de la grâce dans les compositions; que, dans plusieurs parties, on dessinait avec correction et pureté, et qu'enfin, avant lui, Orcagna, Starnina, Dello, Frà Filippo Lippi, Pesellino–Peselli, avaient peint d'énormes tableaux sur bois, dits

---

[1] Un Anglais avait entrepris de faire la même collection, à Florence, il y a 60 ans : il avait déjà acquis 25 tableaux, et on avait fait pour lui les recherches historiques dont j'ai profité; il a abandonné ce projet. Les plus intéressants de ces tableaux font partie de la collection qui est actuellement chez moi, à Paris.

caissons, où l'on voit des arabesques qu'on prétend que Raphaël n'avait vus nulle part, où l'on trouve une grande fraîcheur de coloris, une assurance de pinceau, qui n'est accompagnée d'aucun repentir, des draperies raisonnées, des morceaux d'architecture éclairés du jour convenable, et même assez d'érudition pour prouver qu'on a su connaître les vêtements respectifs des nations, les usages, les animaux et les plantes du climat où la scène se passe ?

Raphaël n'est pas tombé tout à coup du ciel, pour illustrer le siècle de Jules II et de Léon X. Son sublime talent est l'addition de tous les talents qui avaient existé précédemment : il est bien que ces talents soient également connus. Les quarante-deux maîtres [1] dont on rapporte ici des tableaux, ont rendu à Raphaël le service d'exciter son émulation, d'ennoblir son âme, et d'élever son enthousiasme ; ils ont eu aussi nécessairement le mérite d'avoir augmenté les difficultés de l'art ; ils ont supporté les premiers coups de la critique chez une nation fine, pleine de tact et de goût : adressons donc quelques hommages à des rivaux laissés bien loin dans la carrière, mais à qui nous devons peut-être les chefs-d'œuvre du fondateur immortel de 'école romaine [2].

---

[1] On ne sera pas étonné de voir que je n'ai pu réunir, pour l'espace de ces quatre siècles si reculés, que des tableaux de quarante-deux maîtres d'Italie, quand on remarquera que les musées les plus riches ne présentent que des tableaux de cent vingt-quatre maîtres d'Italie, depuis le milieu du quinzième siècle, jusqu'à nos jours, c'est-à-dire depuis l'époque des plus beaux temps de la peinture, pendant lesquels on comptait dans le même pays cinq écoles principales, si renommées, qui ont produit plus de trois mille maîtres (voy. le sixième volume de Lanzi) : la nomenclature qu'il offre est de trois mille dix-huit artistes ; il faut ôter de ce nombre quelques peintres étrangers ; mais en y ajoutant ceux qu'il n'a pas connus, il n'y aura pas d'exagération à en porter le nombre à plus de trois mille.

[2] C'est dans notre riche musée de Paris que nous sentons évidemment les obligations que nous avons aux prédécesseurs de Raphaël, qui ont si noblement enflammé son génie. On y voit d'admirables tableaux de ce maître qui donnent une juste idée de ce que son divin talent avait emprunté à de pareils secours.

Il paraît qu'on fait aujourd'hui, dans ce musée, de nouvelles dispositions très-ingénieuses, pour changer l'ordre dans lequel sont rangés quelques-uns des tableaux, pour augmenter, graduer et adoucir le jour qui doit les éclairer. Rien n'égalera donc, dans l'univers entier, la magnificence de cette galerie, où l'on trouve à chaque pas des trésors inestimables.

Après André Rico, Barnaba, Bizzamano, Bizzamano neveu, Guido de Sienne, l'école ancienne de Venise, Tafi, Margheritone, Cimabué, Diodato da Lucca, qui fleurirent successivement jusqu'à la fin du treizième siècle, se présentent Giotto, élève de Cimabué, Simon Memmi, Buffalmacco, Spinello Aretino, Giottino, Antonio Veneziano, André Orcagna, Ange Pucci, qui travaillait en 1350, et qui, dans la collection, a un tableau de cette date, sous le n° 101; Starnina, Dello et Masolino da Panicale.

Giotto mérite une attention plus particulière. On observe que ses ouvrages religieux, quoique supérieurs à ceux de Guido de Sienne et de Cimabué, sont inférieurs à d'autres ouvrages, où il a traité des sujets profanes et des scènes politiques dont il était témoin.

Je me suis attaché à rechercher ceux de ces tableaux qui sont dans ce dernier genre, et j'ai eu le bonheur d'acquérir un tableau rond qui représente des guerriers Florentins, prêtant serment devant une statue de la Justice. Ce tableau porte les armes des Médicis, à qui il a appartenu depuis.

A la tête du quinzième siècle, on trouve Masaccio, auteur très-aimé de Raphaël, qui dessinait d'après lui; Laurent di Bicci, Paul Uccello, Frà Lippi, dont j'ai parlé plus haut, ensuite Sandro Botticelli, Pesellino-Peselli, David et Dominique Ghirlandajo son frère, enfin Pierre Pérugin.

Je viens d'indiquer les noms des principaux auteurs dont j'ai recueilli les ouvrages; je vais expliquer le sujet des différents tableaux de ma collection. Elle se compose de cent-cinquante tableaux, tous réunis dans un même local. Je donnerai la date de la naissance et de la mort de tous les auteurs, et comme, à cet égard, je n'ai pu toujours me procurer les renseignements que j'aurais désirés, je suppléerai à la date de la naissance et de la mort, lorsqu'elle ne sera pas connue, par celle de l'époque à laquelle florissaient les maîtres.

Je commencerai par consigner ici des observations qu'on jugera peut-être importantes.

Presque tous les tableaux du douzième siècle que j'ai vus, ou que je possède, sont peints sur bois, excepté ceux de Barnaba, qui sont sur toile collée sur bois : quelquefois ce bois est du sorbier, plus souvent du pin et du chêne. Le fond est toujours en or : je n'ai remarqué des fonds peints que dans quelques tableaux de Bizzamano et d'un autre auteur grec.

Presque tous ceux du treizième sont peints sur toile collée sur bois;

quelques déchirures que je n'ai pas fait restaurer, permettent de bien distinguer cette toile qui est très-blanche, et assez fine. Sur la toile est une couche de plâtre recouverte d'or : c'est sur l'or que l'on peignait ensuite. Ce procédé se reconnaît aisément, parce que l'or reparaît dans les parties où la peinture est un peu effacée.

Tous les tabernacles et quelques Guido de Sienne sont peints sur bois.

Les anciennes écoles vénitiennes ont des fonds d'architecture peints de différentes couleurs. Tafi entoure d'or la tête de ses principaux personnages. Marghéritone d'Arezzo n'a que des fonds d'or; il a peint aussi sur cuivre, et je dois à M. l'abbé Rivani, amateur distingué de tout ce qui est objet d'art, et connaisseur très-éclairé des anciennes peintures, les deux Marghéritone qu'on trouve sous les nᵒˢ 40 et 41. Il me les a donnés en échange d'un tableau moderne. Cimabué emploie des fonds d'or et des fonds peints; il a peu travaillé sur toile collée sur bois. Dans le quatorzième siècle et dans le quinzième, on peignait sur bois plus généralement que sur toile collée sur bois. On trouve aussi de temps en temps des fonds d'or dans ces deux siècles. Il y a, en général, des fonds d'or unis, ce sont les plus communs; il y en a qui représentent des oiseaux, des fleurs, et toutes sortes d'ornements, qu'on appliquait avec des fers pareils à ceux qu'emploient les relieurs. On peut reconnaître les fers particuliers de chaque maître; aussi, sous beaucoup de rapports, une collection de tableaux anciens est plus aisée à classer qu'une collection de tableaux modernes; on ne trouve pas, d'ailleurs, cette quantité de copies qui embarrassent les experts les plus habiles.

Vers la fin du quinzième siècle, on voit la peinture à l'huile, que les Italiens n'ont connue qu'après Van-Eyck, dit Jean de Bruges, qui florissait en 1422. Jusqu'à ce moment, tout est peint généralement avec le procédé appelé *tempra*, c'est-à-dire à détrempe, et cependant avec une solidité remarquable; l'eau même ne peut pas altérer les couleurs.

Le chimiste Pierre Bianchi, qui est très-estimé en Italie, a fait à Pise l'analyse des couleurs de plusieurs tableaux des premiers temps, qui paraissaient peints à l'huile, et il a découvert, après des recherches fort exactes, que les peintures les plus anciennes, dans lesquelles on remarquait le plus d'éclat, renfermaient des parties de cire. Cette matière était employée par les Grecs, qui avaient donné des leçons aux premiers peintres italiens; ces Grecs s'en servaient comme d'une sorte de vernis pour couvrir la peinture, lui assurer de la consistance, la préserver de l'humidité, et y jeter un ton diaphane et brillant. On a observé que la dose de cire diminue dans les tableaux du quatorzième siècle; depuis 1360, commence un procédé à peu près semblable, mais qui n'a plus autant d'éclat. Les expériences multipliées n'ont jamais donné pour résultat aucune partie d'huile, excepté quelques gouttes d'une espèce d'huile éthérée, dans laquelle le savant professeur Bianchi pense qu'on faisait fondre la cire avant de l'employer.

Indépendamment de la cire, on faisait usage de certaines gommes et de jaunes d'œufs, dont l'effet trompe au premier coup d'œil, les observateurs les plus exercés. Aussi, ces tableaux ressemblent-ils à des tableaux légèrement peints à l'huile. Lanzi, dans le premier volume de son bel ouvrage, que j'ai déjà tant de fois cité, déclare qu'il doit les détails qu'il publie à ce sujet, à M. le comte Durazzo, qui, en 1793, lui dit, à Venise, que d'autres expériences avaient été faites concurremment avec des savants de Vienne, par ordre et en présence du grand prince Kaunitz, et qu'elles avaient offert les mêmes résultats.

Ce sont peut-être ces gommes et ces jaunes d'œufs, artistement préparés, qui ont fait croire que le tableau placé à Naples, dans la sacristie de l'église de Saint-Laurent des pères Mineurs conventuels, tableau daté de 1436, attribué à Colantonio, peintre napolitain, et représentant saint Jérôme, qui tire une épine du pied d'un lion, a été peint à l'huile, et que, conséquemment, la découverte de la peinture à l'huile n'est pas due à Jean de Bruges. C'est en vain que plusieurs savants ont soutenu cette opinion; la présence de quelques parties d'huile, qui aura été constatée par l'analyse d'une portion de ce tableau, ne prouve pas suffisamment que Colantonio ait connu le procédé de peinture à l'huile, tel que Jean de Bruges l'a employé et l'a enseigné à toutes les écoles.

Les mémoires du temps sont très-favorables à Jean de Bruges; on ne cite, comme ayant été peint à l'huile, avant l'époque où le secret de Van-Eyck fut connu, que le tableau de saint Jérôme, décrit plus haut, et un autre qu'on voit à Santa-Maria-Nuova. Mais pourquoi ne parle-t-on que de ces deux tableaux? Il existe à Naples beaucoup de peintures du quatorzième et du quinzième siècle, pourquoi ne les a-t-on pas examinées? pourquoi ne fait-on mention que de Colantonio? Signorelli, dans ses *Vicende della Col-*

tura delle due Sicilie, Napoli, 1787-91, in-8°, répète le même argument avec beaucoup de chaleur et de talent, et déclare que *Colantonio del Fiore a été le premier à peindre à l'huile*; mais Piacenza, qui a vu les deux tableaux cités, qui les a observés avec l'attention la plus marquée. déclare qu'il n'a pas été en état de distinguer si effectivement ils sont peints à l'huile [1]. D'ailleurs, pourquoi le nom de Van-Eyck a-t-il rempli l'Europe entière? Tous les peintres se sont mis en rapport avec lui; tous les princes ont recherché ses ouvrages. Ceux qui n'ont pu l'attirer ont appelé ses élèves, Hugues d'Anvers, Antonello de Messine, Roger; et, au contraire, qui, hors de Naples, connut alors Colantonio? Qui ambitionna d'avoir les ouvrages de Solario, son gendre? Enfin, il demeure prouvé que les élèves de Solario peignirent à détrempe, tant cette manière de peindre était usitée en Italie! C'est dans l'examen des divers tableaux de ma collection, et dans le résumé de la totalité de ce travail, que nous ajouterons quelques autres informations propres à compléter celles que nous venons de donner ici. Il est temps d'expliquer la nature, le sujet, et, en quelque sorte, l'histoire de chacun des tableaux dont nous offrons la gravure; mais il convient, auparavant, de rappeler plus en détail un genre de tableaux que je n'ai fait qu'indiquer. Je veux parler des tableaux connus sous le nom de *Cassoni* ou *coffres*. L'usage de peindre la partie extérieure des coffres dans lesquels on enfermait les présents de noce donnés aux jeunes mariées, paraît avoir été apporté en Toscane par les peintres grecs. André Tafi de l'école d'Apollonio, peintre grec, en introduisit l'usage.

Vers le quatorzième siècle il fut imité par Spinello Aretino, écolier de Jacques da Casentino, et par Taddeo Gaddi, fils de Gaddo Gaddi; mais jusqu'alors les caissons n'avaient été que très-petits: André Orcagna en composa de beaucoup plus grands. On voit même que ces coffres peuvent se fermer, puisqu'on distingue la place où était la serrure. Ceux de Dello, florentin, ont pour sujet, des faits historiques. Frà Filippo Lippi et Pesellino Peselli firent encore des caissons plus longs et d'un travail si soigné qu'on ne peut les voir sans éprouver un sentiment de plaisir et d'étonnement. Les plus grands artistes ne dédaignèrent pas ensuite de faire des *Cassoni*.

---

[1] Lanzi, tom. 2, page 293.

Paul Uccello qui a laissé une réputation méritée a peint des *Cassoni*. Il a peint aussi des plateaux sur lesquels on offrait des présents aux femmes accouchées. Son tableau sous le n° 124, daté du 25 avril 1428, est une composition, qui, par son style et sa date, justifie la classification de la fin de ma collection, comme le n° 101, d'Ange Pucci, daté de 1350, justifie la classification du commencement.

On croit que Raphaël et Jules Romain, ne firent pas de *Cassoni*, et donnèrent seulement des dessins pour les vases de *Majolica*. André del Sarto, a cependant peint des *Cassoni*.

Je passerai maintenant à l'explication générale des tableaux que j'ai promise.

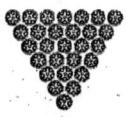

EXPLICATION DES TABLEAUX DE LA COLLECTION.

Le premier peintre primitif que nous connaissions est André Rico, que la plupart des biographes n'ont pas même nommé. André Rico mourut à Candie, vers l'année 1105; il envoyait en Italie des ouvrages finis et des échantillons de tableaux. Lorsqu'on lui commandait un tableau sur un échantillon, il s'empressait de le composer et de le transmettre à sa destination.

Nous ne possédons d'André Rico qu'un échantillon peint sur bois et bien conservé. C'est une Vierge ayant son fils dans ses bras. Elle est presque noire (*nigra sum, sed formosa*, Cant. 1. 4.), et sa tête est ceinte d'une couronne d'or. L'enfant tient un livre de la main gauche, et de la main droite donne la bénédiction. On lit sur le fond ces mots grecs en abréviations : Μρ. Θ⃗υ̅ (μήτηρ θεοῦ, mère de Dieu).

Nous le reproduisons de même grandeur que l'original, (pl. I).
La hauteur est de 95 millimètres. La largeur est de 68 millimètres.

N° 2. Barnaba sur lequel on n'a aucuns renseignements autres que l'époque de sa mort (1150 , et le lieu de sa naissance (la Toscane), n'a fourni, ainsi qu'André Rico, qu'un seul tableau à cette collection.

C'est une Vierge et son fils (V. pl. 1ʳᵉ). Au-dessus de la tête de la Vierge est cette inscription: Μρ. Θ⃗υ̅ au-dessus de la tête de l'enfant, on lit : I. H. χρ , pour Ἰησοῦς χριστός.

Toile collée sur bois, haute de 239 millim., large de 225 mill.

N° 3. Après André Rico et Barnaba, vient, par ordre de date, BIZZAMANO l'oncle, né en Toscane, selon toute apparence, et qui y florissait vers l'année 1184. Il nous est permis de juger de la fécondité de ce peintre par le nombre de tableaux qui sont parvenus jusqu'à nous. J'en possède cinq.

Le premier que nous reproduisons (Voy. pl. 2) représente *la Sainte Famille*. Une tristesse douce domine ce tableau. Le fils de Dieu supporte de la main gauche, ou plutôt assujettit le globe du monde sur ses genoux; de la main droite il bénit. Toute la destinée du Rédempteur est expliquée là. Ajoutez à cet ensemble saint Joseph en adoration devant le fils de Dieu.

Ainsi qu'André Rico, et Barnaba, et presque tous les peintres du douzième siècle, Bizzamano donne une explication de son œuvre par ces mots peints sur fond d'or, Μρ. Θ. Mère de Dieu, placés au-dessus de la tête de la Vierge. — La hauteur de ce tableau est de 343 millim.; la largeur, de 280 millimètres.

Il est à remarquer que l'art a fait des progrès, de Barnaba à Bizzamano. A peine trente années se sont écoulées, et le faire est plus soigné, l'idée du peintre est rendue d'une manière plus compréhensible.

Les tableaux de Bizzamano peints sur bois, fond or, aux contours bordés d'un large trait noir, sont déjà moins loin de ressembler à la nature que les peintures byzantines.

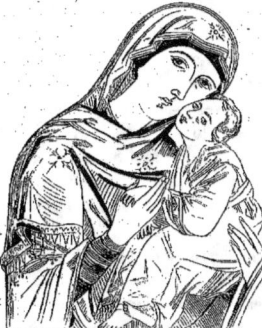

N° 4. Bizzamano qui, comme ses devanciers ou ses successeurs, reproduisait presque toujours le même sujet, semble n'avoir peint que des Vierges. Le tableau que nous avons en regard, d'une grâce infinie, de forme et d'agencement gracieux, et d'une exécution plus simple, est, comme le précédent, d'un aspect mélancolique et affectueux. La Vierge et l'enfant semblent confondus dans la même tendresse. — L'original de cette gravure sur bois a 298 millim. de hauteur et 257 millim. de largeur.

N° 5. La Vierge et son fils (pl. 2) sont d'une couleur agréable, brillante et bien conservée. Les figures se détachent sur une draperie verte rendue avec soin. L'exécution de ce tableau est remarquable; les rehauts d'or dont sont décorés tous les tableaux de cette époque, sont dans celui-ci placés avec un goût et une adresse extrêmes. — Hauteur, 171 millimètres; largeur, 133 millim.

N° 6. Voici peut-être le premier essai d'un tableau avec paysage et qui ne rentre plus tant dans l'imagerie. Quelques arbres se détachent sur le fond lumineux du ciel. Ici l'enfant Jésus *porte* le sein de sa mère à ses lèvres. Saint Jean, revêtu d'une peau d'agneau, est près d'eux ; il tient une croix autour de laquelle se déroule une banderolle avec ces mots : *Ecce Agnus*. — Cette peinture a 487 millim. de hauteur, sur 541 millim. de largeur. Voyez planche 3, la première gravure.

N° 7. Enfin, le dernier tableau de Bizzamano l'oncle est une Vierge tenant son fils dans ses bras. L'enfant supporte de la main gauche le globe du monde, et semble lui-même tenu assis comme par miracle ; car les mains de la Vierge ne le soutiennent presque pas. Son costume annonce que Bizza-mano a voulu peindre le Rédempteur lorsqu'il commençait à sortir des langes du premier âge ; ses cheveux sont symétriquement arrangés ; la petite toge pourpre dont il est revêtu ressemble à celles que portaient les citoyens du Bas-Empire. Le costume de la Vierge est très-simple ; il se compose d'une tunique, et d'une draperie en forme de manteau qui recouvre sa tête. Les plis des draperies sont exactement les mêmes dans toutes les Vierges de Bizzamano l'oncle ; l'exécution seule en est différente.

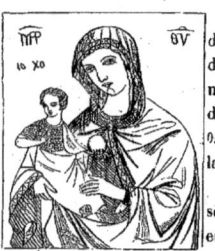

La tête de l'enfant est fort expressive ; on doit remarquer le développement prodigieux du front, plus sensible qu'il ne l'est ordinairement chez les enfants de cet âge. Sur le haut du tableau gravé ci-dessous, est écrit : Mρ. Θν, et 'Iη. χσ. Hauteur du tableau 390 millimètres, largeur 325 millimètres.

BIZZAMANO neveu florissait en 1190. Je possède sept tableaux de lui dans ma collection. On en offre ici trois seulement. Les autres ressemblent à ceux que nous donnons ; il eût été superflu de les reproduire. On sait d'ailleurs à quoi il faut attribuer cette ressemblance des tableaux de plusieurs peintres primitifs. Ils envoyaient l'échantillon à un grand seigneur et ils en conservaient le modèle. Le même échantillon était parfois choisi par un grand nombre d'amateurs, et alors le peintre, simple ouvrier, exécutait autant de tableaux qu'il lui en était demandé.

N° 8. *Vierge et son fils*. La pose de l'enfant, tétant le sein de sa mère, est abandonnée et vraie. (Voyez le second tableau de la planche 3). Hauteur 225 millimètres, largeur 165 millimètres.

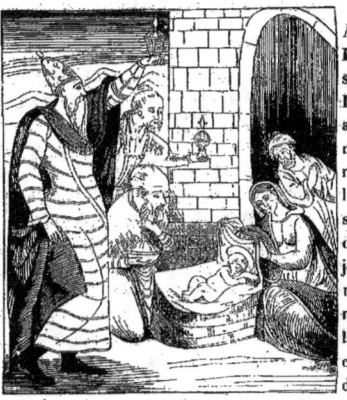

N° 9. L'*Adoration des Mages*, seul tableau de Bizzamano neveu dont le sujet ne soit pas une Vierge. Les rois mages sont en adoration devant l'enfant nouveau – né. La Vierge relève le linge qui recouvre la crèche, et saint Joseph, regardant l'enfant qui doit faire la gloire d'Israël, joint les mains en signe d'admiration. Les costumes des mages sont de la fantaisie la plus extraordinaire. Les corps, les physionomies, les draperies, rien n'est dessiné ni bien peint dans ce tableau. — 460 millimètres de hauteur, 388 millimètres de largeur. (V. le dessin sur bois, page 24.)

Le N° 10 ressemblant au n° 8, n'a pas été reproduit.

N° 11. Vierge et son fils, Mρ θῦ: l'enfant, de la main gauche, tient un globe surmonté d'une croix; de la droite il donne la bénédiction. (V. planche 3, le troisième dessin : hauteur, 230 millimètres, largeur, 198 millimètres.

Le N° 12 est le quatrième de la planche 2. Hauteur 194 millimètres, largeur 171 millimètres.

Le N° 13 n'a pas été gravé : il est à peu près semblable au précédent.

N° 14. Vierge appuyant la tête sur celle de son fils. L'enfant est vêtu d'une robe éclairée d'or, c'est la cinquième gravure de la planche 3. M.P, οσ. ᾽Ιη, χσ. Hauteur 188 millimètres, largeur 149.

Il y a des remarques fort curieuses à faire lorsqu'on étudie l'ancienne école vénitienne du douzième siècle. La manière de cette école a véritablement très-peu changé, pour tout ce qui est du matériel de l'art; la forme, la couleur, le dessin se sont conservés avec les modifications apportées par les progrès de la peinture. Nous retrouvons, au seizième siècle, dans l'école vénitienne, les mêmes tons brillants et harmonieux que déjà on y remarquait au douzième siècle.

Il se faisait, à cette époque, beaucoup de tabernacles en bois peint avec des emblèmes ou des sujets sacrés, exécutés soigneusement et à fond d'or.

Quant aux tableaux, déjà l'usage des échantillons, dont nous avons parlé plus haut, commençait à se perdre. Les compositions se vendaient sur l'original. Ceci est, selon nous, une grande amélioration, et prouve que les peintres n'étaient plus de simples manœuvres.

Sept tableaux vénitiens, du douzième siècle, ornent ma collection.

N° 15. Tabernacle. (V. planche 4.) Au milieu, la Vierge est assise sur un trône : elle tient dans ses bras l'enfant Jésus ; à droite, saint Jean ; à gauche, une sainte ; autour du trône, quatre têtes d'anges.

Au-dessus du trône, dans un cadre séparé, Jésus-Christ sur la croix ; Marie, saint Jean, à genoux.

Sur le volet gauche, Jésus-Christ dans le jardin des Oliviers ; plus bas, Moïse sur le mont Sinaï : sur le volet droit, la figure de la Vierge, et plus bas, un ange armé de toutes pièces. Hauteur, 514 millimètres, largeur (en tenant les deux volets ouverts) 460 millimètres.

N° 16. Vierge et son fils. L'enfant, levant deux doigts, l'*indicateur* et le *medius* de la main droite, donne la bénédiction. Il tient dans la main gauche un rouleau de parchemin. La sainte Vierge porte son fils avec beaucoup de grâce. Les draperies de ce tableau sont magnifiques : on peut déjà prévoir ce que plus tard l'école vénitienne produira sous ce rapport. Les figures ont moins de candeur peut-être que celles de plusieurs tableaux précédents. La pose cependant est délicate et en même temps majestueuse. Le naturel s'y mêle à l'art, et les mains, en particulier, sont traitées avec une certaine conscience. Hauteur, 264 millimètres ; largeur, 190 millimètres.

N° 17. Vierge et son fils. L'enfant tète le sein droit de sa mère ; au-dessus de la Vierge, M ρ. Θ. υ : au-dessus de l'enfant, I H. χσ ; les bras de l'enfant sont nus. Hauteur, 210 millimètres, largeur, 149 millimètres. (Voyez le dernier dessin de la gravure, planche 3.)

N° 18. Vierge et son fils. L'enfant est appuyé contre la joue de sa mère ;

le manteau de la vierge est parsemé d'étoiles. Autour de l'auréole de la Vierge, on lit en commençant par la droite, *Ave Maria, gratia.* Hauteur. 248 millimètres, largeur, 162, (voyez le sixième dessin de la planche 3.)

Nº 19 Nous arrivons à un sujet important, véritable sujet historique sacré; c'est la *Présentation au Temple.*

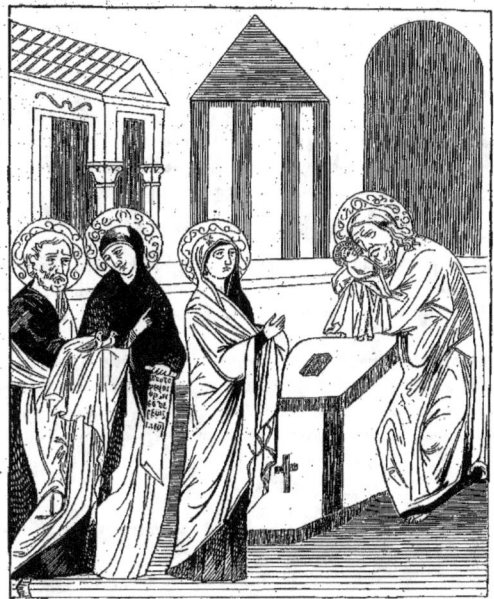

L'architecture en est à peu près nulle; les peintres, sur ce point, sont encore pour longtemps dans la première enfance des arts.

Siméon tient l'enfant entre ses bras et le regarde avec un extrême attendrissement. Derrière la sainte Vierge, paraissent saint Joseph et sainte

Anne. Le premier donne en offrande deux colombes blanches : l'autre a dans la main gauche un rouleau sur lequel on lit : Τοῦτο τὸ Βρέφος οὐρανὸν ἐστέρεωσε καὶ γῆν. *Hic infans cœlum fundavit et terram.* C'est une imitation du passage d'Isaïe. (ch. XLVIII. v. 13) où on lit : *Manus quoque mea fundavit terram et dextera mea mensa est cœlum.* Ce tableau est remarquable, et l'inscription grecque qu'il porte lui donne encore une nouvelle valeur. Hauteur. 310 millimètres, largeur, 253 millimètres.

N° 20. Vierge et son fils, la mère et l'enfant sont couronnés. L'enfant donne la bénédiction de la main droite, et de la gauche il tient un coffret. Tableau rond sur cuivre. Haut. 108 millimètres ; larg. 81. (V. pl. 5.)

N° 21. Maintenant, occupons-nous d'une *Vierge avec l'enfant,* tableau dans lequel le peintre a fait de grands frais de costumes. Il a environné la sainte Famille d'un apparat inusité. Remarquez la richesse des costumes, les plus beaux qui aient été portés au moyen âge : anachronisme qui a bien son avantage, parce qu'il nous fait connaître les vêtements de l'époque. (Voyez la première gravure, planche 8.)

Aux deux côtés de la sainte Vierge, qui regarde l'enfant avec une expression d'amour mêlé de respect, se tiennent un saint et une sainte, sainte Catherine et saint Antoine, comme on le voit par ces mots : *Sea Catarina virgo et SS. Antognivs, XX.* Autour de l'auréole de la Vierge on lit : *Ave Maria gratia plena, dom.* Ce tableau cintré dans sa partie supérieure, à 677 millimètres de hauteur, 386 millimètres de largeur. Le dessin devient de plus en plus correct et imitateur ; la couleur est vraie ; l'ensemble offre des beautés que nous n'avions pas encore rencontrées jusqu'alors.

TREIZIÈME SIÈCLE.

Le treizième siècle commence. Nous allons l'inaugurer avec Guido de Sienne, qui florissait en 1221.

Comme ses prédécesseurs, Guido de Sienne ne sort pas, pour ainsi dire, des saintes familles, et même varie peu les compositions de ses tableaux. Les quatre qui se trouvent dans ma collection, sont très-extraordinaires et très-beaux.

Le premier, N° 22, haut de 1,137 millimètres et large de 541 millimètres, est d'une simplicité et d'un goût exquis, d'une couleur éclatante, et pourtant agréable à l'œil. L'enfant tient un chardonneret attaché par un fil rouge. (V. pl. 6.)

Ce tableau, peint à l'œuf, est très-bien conservé.

Nº 23. Père éternel, fond d'or : ce petit tableau haut de 185 millim. et large de 212, surmontait le numéro suivant, dont il a été détaché. (V. Un des deux dessins de la pl. 5.)

Nº 24. Haut de 1,950 millimètres, large de 975 millimètres, est une magnifique page de l'art au treizième siècle. Ce tableau se compose de six personnages, la Vierge, l'Enfant Jésus, saint Jean, deux saints, dont l'un évêque, l'autre père de l'Église ; et enfin, une jeune sainte couronnée, portant un étendard qui paraît être celui de Sienne.

Rien de plus imposant que ce tableau, où tout est également d'un fini précieux, ensemble et détails, têtes et costumes. Avec quelle grâce la Vierge porte l'enfant Jésus, mordu légèrement par un chardonneret! Nous appellerions volontiers cette composition, la *Vierge aux oiseaux*; car le fond en est parsemé. (V. pl. 7.) La tête de la Vierge, vue de face, est d'une précision admirable. Le corps de l'enfant est couvert d'un voile d'une telle transparence, qu'il ne paraît pas que l'on puisse en tisser un pareil aujourd'hui.

Nº 25. La Vierge assise, avec son fils dans ses bras, est entourée de deux saints et de deux saintes. Les accessoires sont délicieux et l'emportent certainement sur le principal de la composition, dont les formes sont roides et beaucoup trop arrêtées. Ce tableau paraît au reste inspiré par la même pensée qui a dicté celui dont nous venons de parler; mais les figures sont moins finies, moins expressives, et les poses surtout moins dignes et moins évangéliques. (Voyez le second tableau de la planche 8 :) hauteur, 893 millimètres : largeur, 460 millimètres.

L'œuvre de Guido de Sienne est des plus remarquables, et la *Vierge aux oiseaux*, en particulier, est un chef-d'œuvre qui ne redouterait pas la comparaison avec les plus belles toiles du seizième siècle.

ANCIENNE ÉCOLE VÉNITIENNE
du treizième siècle.

Nº 26. Adoration des mages, la Vierge, l'enfant Jésus, saint Joseph; un mage à genoux offrant des présents. Un mage debout; un mage africain à gauche. Haut. 168 millim., larg. 131. Ce tableau n'a pas été reproduit.

N· 27. Adoration des pasteurs. Saint Joseph, la Vierge à genoux sou-
levant le linge qui couvre l'enfant Jésus. Un pasteur à genoux : un autre
debout porte la main à son chapeau, action qui a été répétée très-souvent,
depuis, par les peintres flamands : dans le fond la tête d'un bœuf et d'un
âne. Haut. 379 millim. larg 325 millim. (Voyez la 1re gravure de la pl. 9.

N°. 28. Adoration des mages, saint Joseph, la Vierge présentant l'enfant
Jésus à trois mages. Haut. 288 millim., larg. 244 millim. N'a pas été reproduit.

N° 29. Adoration des mages. La Vierge assise tenant l'enfant Jésus,
saint Joseph, un mage à genoux, deux mages debout, tenant des vases à
la main, fond d'architecture. Haut. 325 millim., larg. 253 millim. (Voyez
la seconde gravure de la planche 9.)

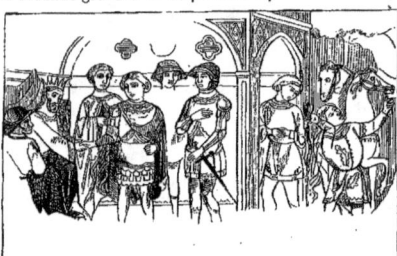

N° 30. Un roi assis
donnant la main à un
guerrier, cinq autres
personnages, deux che-
vaux, fond d'architec-
ture. *Esquisse*. Haut.
270 mill., largeur 724
millim.

N° 31. La visita-
tion; Marie, saint Jo-
seph, sainte Élisabeth
et Zacharie. Haut. 426 millim. larg. 336 millim.; n'a pas été reproduit.

ÉLÈVE D'APOLLONIO, PEINTRE GREC, QUI EXCELLAIT DANS LA MOSAÏQUE.

ANDRÉ TAFI, *florentin*, *né en 1213, mort en 1294,*

N° 32. Vierge et son fils : Saint Jean, saint Pierre : dans le bas du tableau,
un ange qui joue du violon, et un autre qui joue de la mandoline. Hauteur,
487 millim, larg. 336. (Voyez planche 10.)

N° 33. Naissance de Jésus–Christ, saint Joseph est en adoration. Dans
le fond, des pasteurs et des troupeaux. (Planche 11.)

N° 34. Adoration des mages. Saint Joseph, la Vierge présentant l'enfant à un mage agenouillé; deux autres mages; un écuyer, têtes de chevaux.

Ce tableau et le précédent, sont des *Cassoni;* ils ont chacun de hauteur
345 millim., de largeur, 266 millim (Voyez les deux sujets de la planche 11.)

MARGHERITONE D'AREZZO, *mort à soixante-dix-sept ans après* 1289.

N° 35

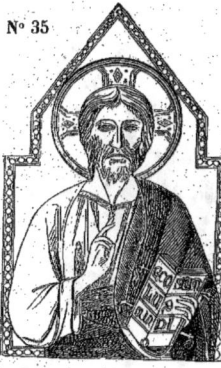

N° 35. Jésus-Christ, tenant de la main gauche un livre sur lequel est écrit: *Ego sum lux mundi*, et donnant la bénédiction de la main droite. Haut. 730 millim., larg. 510 millim.

N° 36 Saint Pierre tenant les clefs et une croix.

N° 37. Saint Jean-Baptiste, vêtu d'une peau de mouton, et tenant une croix.

N° 38. Sainte portant une couronne royale sur la tête et tenant une flèche.

N° 39. Saint tenant un rouleau en main. Ces quatre tableaux, ont chacun 574 millim. de haut et 329 millim. de larg.; ils sont, ainsi que le n° 35, peints sur toile collée sur bois.

N° 36.

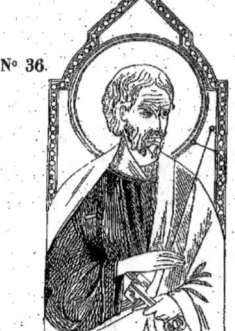

N° 37

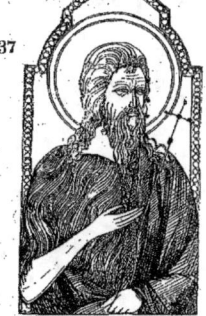

N° 40. Saint François d'Assise tenant un livre, sur lequel est écrit: *Vera S. Francisci effigies* **T.**

N° 38

N° 39.

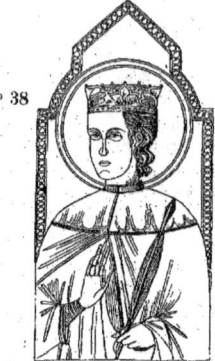
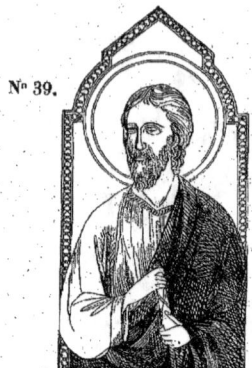

N° 41. Sainte Claire d'Assise, fondatrice des *Clarisses*, morte en 1253.
Elle tient un livre sur lequel est écrit : *Vera S. Claræ d'Assisio effi-*
gies. Ces deux tableaux peints sur cuivre, ont chacun de haut. 270 millim.,
de larg. 176 (Voyez planche 12.)

ÉCOLE DE MARGHERITONE.

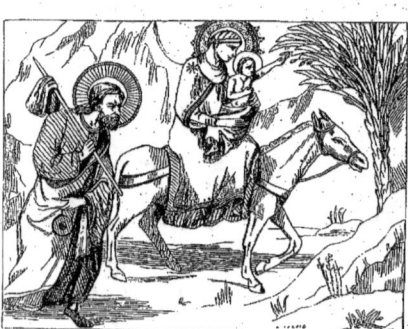

N° 42. Fuite en
Égypte. La Vierge
montée sur un âne,
tient dans ses bras
l'enfant Jésus qui,
en passant , cueille
un fruit sur un dat-
tier. Saint Joseph,
suit en portant un
petit paquet sur un
bâton. Haut. , 244
mill., larg. 304 mill.

CIMABUÉ, *né en* **1240**, *mort en* **1300**.

N° 43. Un Christ sur la croix. Tabernacle. Le tableau du milieu représente un crucifiement. La croix porte cette inscription : *Hic est ies Na-
zarenvs, rex Ivdæo.* Au pied de la croix, sont Marie et trois Saints, plus
bas, saint François à genoux, et une sainte tenant une palme en main.

Sur le volet gauche, on voit la Vierge, l'enfant Jésus et deux saints. Sur
le volet droit, dans la partie supérieure est saint Christophe portant Jésus
enfant; plus bas deux saints. (Voir planche 13) Haut. 325 millim., larg.
les deux volets ouverts, 433 millim.

N° 44. Vierge tenant l'enfant Jésus. Saint Jean, saint Pierre, saint Paul,
un évêque, deux anges. L'enfant joue avec un oiseau. Au-dessus, dans un
petit cercle rond, Notre-Seigneur tenant un livre, donne la bénédiction.

Jusqu'à cette époque, on observe que les peintres n'avaient jamais mon-
tré les pieds de leurs personnages, excepté dans l'ancienne école vénitienn e
du douzième siècle, et dans quelques Guido de Sienne. Cimabué, dans
ce numéro, a peint saint Jean, de manière que sa draperie relevée, laisse
voir son pied droit. On remarque aussi que le pied ne pose à terre que
sur la pointe: ce défaut est, en général, celui des peintres grecs; ils ne pouvaient pas bien dessiner le pied, et ils évitaient de le montrer, parce qu'ils
ne savaient pas le faire poser juste et d'à-plomb.

Après Cimabué, qui a osé faire voir les pieds, quoique souvent avec peu
de succès : on a mieux réussi dans cette partie essentielle, et qu'il est étonnant qu'on ait si longtemps négligée. Haut. 555 mill., larg 244 (Voyez
pl. 14.)

N° 45. Vie de Jésus-Christ. Six tableaux en un seul.

1° Annonciation. 2° La Vierge tient l'enfant sur ses genoux, et elle est elle-
même assise sur ceux de sainte Anne ; une sainte martyre à gauche, une
donataire à genoux : deux anges à droite, un chevalier vu en partie; on
aperçoit son blason. 3° En haut, près du premier tableau, le portement de
croix, un soldat romain armé de toutes pièces. La Vierge parlant à un autre
soldat. 4° Crucifiement, un exécuteur tire Jésus-Christ par les cheveux
pour le faire monter à l'échelle. Les saintes femmes, Jésus-Christ crucifié;
la Vierge baise ses pieds. 5° Crucifiement : un disciple arrache les clous qui

retiennent les pieds; les saintes femmes et un disciple soutiennent le corps de Jésus-Christ. Notre-Seigneur debout bénit une sainte femme. 6° Repas d'Emmaüs. Une sainte femme lave les pieds de Notre-Seigneur. (Voyez planche 15.) Haut. 541 millim., larg. 460 millim.

N° 46. Père éternel couronné.

N° 47. Un évangéliste.

N° 48. Un saint tenant une scie.

N° 49 Un saint tenant un rouleau.

N° 50. Un autre saint paraissant donner la bénédiction.

Ces cinq numéros sont de petits médaillons qui faisaient autrefois partie d'un grand tableau peint par Cimabué. Hauteur de chacun des tableaux, 74 millim. largeur 74 millim. (Voyez planche 16.)

N° 51. Portrait de saint Cyprien, avec ces mots : *Ecce imago dni Cip.* La tête a une expression singulière. Elle est de la meilleure manière de Cimabué. Haut. 176 millim., larg. 176 millim. (Voyez le second dessin de la planche 17.)

N° 52. Un saint Jean avec une croix rouge; de sa main gauche, il tient un rouleau sur lequel est écrit : *Ecce agnus Dei, ecce.* La lettre *E*, du premier mot, est peinte en rouge, les autres sont peintes en noir. Haut. 244 millim., larg. 221 millim. (Voyez le premier dessin de la planche 17.)

N° 53. Crucifiement, couronnement de la Vierge. (Voyez planche 18.) Diptique : le crucifiement est sur le volet gauche dans la gravure, le couronnement est sur le volet droit. Au haut de la croix, I. E. N. S.; près de l'inscription deux anges. Sur le second plan, des fantassins et des cavaliers romains. Sur une enseigne on lit : S. P. Q. R. Au premier plan, la Vierge évanouie, une sainte, un évêque qui paraît avoir le costume grec du moyen âge. Au haut de chaque volet, une tête de petite dimension et qu'il n'est pas aisé de caractériser.

A la partie du diptique qui offre le couronnement de la Vierge, on voit saint Pierre avec les clefs, saint Paul avec l'épée, deux évêques, une sainte religieuse, sainte Catherine d'Alexandrie, deux évêques mitrés, deux anges qui sonnent de la trompette, quatre autres anges à genoux, deux joueurs d'un instrument. (Voyez planche 18.) Hauteur 460, largeur, les deux volets ouverts, 514 millim.. La composition du diptique est bien ordonnée : beaucoup de peintres d'une force plus avancée l'ont imitée sans faire mieux.)

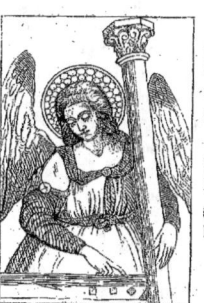

Nº 54. Ange qui embrasse une colonne. Il montre trois dés : sur le premier, on voit le nombre cinq, sur le second, le nombre un, sur le troisième, le nombre trois. Haut. 406 millim. larg. 270.

Nº 55. Saint Antoine tenant un bâton. Autour de son auréole on lit : ANTUS ANTONIUS; le reste se lit difficilement. (Voyez la troisième gravure de la planche 24.) Haut. 541 millim., larg. 270 millim.

DIODATO DA LUCCA, *qui florissait en* 1288.

Nº 56. Vierge tenant l'enfant Jésus dans ses bras. Tabernacle (Voyez planche 19.) Au haut de la partie du milieu, Jésus-Christ donnant la bénédiction : plus bas la Vierge est couronnée par deux anges, à gauche sainte Catherine, à droite saint Jean tenant un rouleau sur lequel on lit : *Ecce Agnus Dei*, *ecce qui tollit*. Plus bas, l'annonciation; un vase contenant des lis en fleurs. Sur le volet gauche de la gravure, Jésus-Christ crucifié, la sainte Vierge, une sainte femme embrasse la croix, une sainte femme debout, une sainte femme à genoux, et tenant à la main un chapelet. Sur le volet à droite on voit le *Santo volto*, image très vénérée dans la ville de Lucques. Au-dessus, saint François d'Assise reçoit les stygmates.

QUATORZIÈME SIÈCLE.

GIOTTO *né en* 1276, *mort en* 1336, *élève de Cimabué.*

Nº 57. La Justice, devant laquelle une foule de soldats florentins, et de personnages remarquables, tous à cheval, prêtent serment de fidélité. La Justice porte des ailes, et elle est debout sur un globe transpercé de trompettes qui en sortent en tout sens. De la main droite, elle tient son glaive; de la gauche, un Amour qui lance une flèche. Le globe pose sur des traverses qui peuvent être des instruments de supplice ou simplement la charpente nécessaire pour affermir le globe et la statue. On distingue vingt-trois têtes de guerriers. Au milieu du tableau, suivant l'opinion du célèbre abbé Rivani, Florentin, grand connaisseur en compositions de cet âge, l'homme à moitié nu, qui a ses mains en arrière, est un criminel qui semble attendre la mort; suivant d'autres savants, qui ont voulu aller plus loin, ce criminel est Gauthier de Brienne, duc d'Athènes, chassé par les Florentins, dont il était le tyran, après avoir reçu d'eux la suprême autorité... Alors ce tableau serait celui que le gouvernement du temps aurait ordonné de composer, et qui aurait été suspendu à la porte du *palazzo vecchio* pour y constater l'infamie attachée au nom du tyran : mais cette opinion n'est pas admissible, et j'ai eu tort de la partager moi-même dans d'autres écrits. En étudiant la question avec insistance, je me suis convaincu naturellement que Giotto, étant mort en 1336, n'a pas pu peindre cet événement arrivé en 1343. Tout au plus le tableau pourrait être de Giottino, petit-fils de Giotto, mort en 1376. Cette dernière conjecture serait confirmée par M. Émeric David (voyez son article *Giottino*, Biogr. univ.).

Quelques personnes pensent que cet homme à moitié nu, qui est en avant et absolument découvert, n'est autre qu'un portefaix chargé de soutenir la lourde machine surmontée par la statue de *la Justice*. Dans ce cas, pourquoi faire supporter un pareil poids par quelques hommes? ils pourraient le laisser tomber. Ce qui dispose à croire qu'il s'agit d'un criminel, c'est que sur le devant du tableau on distingue trois animaux : un renard, un loup et un cochon, qui figureraient la ruse, le cynisme et la voracité d'un chef méprisable. Le titre que portait Gauthier de Brienne était celui de *capitaine de justice*. Alors la *justice*, mise en scène, vient appuyer l'opinion de ceux qui veulent qu'ici il s'agisse des crimes d'un tyran qui a abusé de la confiance des Florentins.

Mais il faut évidemment renoncer à l'hypothèse, qui suppose qu'il s'agit ici de Gauthier de Brienne, et, comme on peut conserver celle qui tend à prouver qu'il s'agit d'un criminel, et qu'en même temps les experts les plus habiles de Florence prétendent que le tableau est bien assurément l'ouvrage de Giotto, on sera peut-être amené à penser que le condamné est Corso Donati, gendre d'Uguccione, et qui fut chassé de Florence en 1308, ou tout autre citoyen plus ou moins coupable. En effet, ces accusations et les *arrêts par tableaux* ne sont pas toujours des preuves de délit. Souvent ce ne sont que des injures jetées par un parti vainqueur à un parti vaincu. (Voyez l'immortel poëme de Dante.)

Quelle que soit la conjecture à laquelle on s'arrêtera, ce tableau doit être regardé comme précieux. Le cadre est aussi ancien que le tableau dont il fait partie; le travail du sculpteur en bois a précédé celui du peintre. Autour du cadre, dans la partie antérieure, on a peint douze plumes ou panaches, trois noires, trois blanches, trois rouges et trois jaunes : derrière le tableau, ces mêmes plumes sont peintes plus en grand. Sur la gauche, on a ajouté depuis, les *boules*, armes des Médicis, les *Palle* telles qu'ils les portaient avant que Louis XI leur eût permis, en 1465, de placer des fleurs de lis sur une de ces *Palle*. Celles-ci sont toutes semblables et posées, en termes de blason, deux, trois, deux, une; en tout huit (voyez planche 20). Haut. 623 m., larg. 623 mil.

Nº 58. Jésus-Christ sur la croix, Marie, deux saints, une sainte; au-dessus, dans le même cadre, un Père éternel qui donne la bénédiction. Haut. 514 m. larg. 299 mill. (Voyez pl. 21 à droite.)

Nº 59. Un Christ, trois figures, au haut de la croix : ᴴᴵᶜ, ᴵᴴˢ. Ce tableau est sur toile collée sur bois. Haut. 290 m. larg. 190 m. (Voyez pl. 21 à gauche).

Nº 60 Couronnement de Marie et supplice de Sainte Catherine, fille de Cestius d'Alexandrie. Ce tableau en contient quatorze en un seul. Ils représentent, pour la plupart des saints, avec leurs attributs : les saints sont séparés entre eux par une colonne torse en relief et dorée. Haut. 600 m., largeur 408 mill. (Voyez pl. 22).

BUFFALMACCO, *qui florissait en* 1351.

Nº 61. Tabernacle. On voit au tableau du milieu la Vierge tenant son fils dans ses bras. Saint Jean, saint Antoine, deux anges. Le volet gauche représente en haut l'ange Gabriel, et en bas saint Paul et un évêque.

Le volet droit représente en haut la Vierge annoncée, et au bas saint Pierre et un évangéliste. Haut. 541 mill., larg., les volets ouverts, 514 mill. Il n'a pas été reproduit.

Nº 62. Tabernacle. Dans le tableau du milieu, la Vierge assise tenant l'enfant Jésus, saint Paul avec son épée, un saint tenant un livre, sainte Catherine d'Alexandrie, saint Antoine avec son bâton

Sur le volet gauche, en haut, l'ange qui annonce, au bas saint Jean-

Baptisté portant une croix et une inscription illisible, mais où l'on peut reconnaître des caractères grecs, un saint qui peut être un saint Antoine,
une sainte tenant un cœur enflammé!

Sur le volet droit, en haut, une Vierge annoncée. En bas, Jésus-Christ
sur la croix, Marie, un saint, une sainte femme à genoux embrassant la
croix (voyez la pl. 23). Haut. 433 mill., larg., les volets ouverts, 453 mill.

Nº 63. Saint Dominique, un lis dans la main droite, tenant un livre rouge
dans la main gauche (voyez la première gravure à gauche de la pl. 24)
Haut. 704 mill., larg. 377 mill.

Nº 64. Trois moines couronnés regardant à droite.

Nº 65. Trois moines couronnés regardant à gauche.

Ces deux compositions font partie d'un ornement d'autel qui a été dé-
pecé; elles n'ont pas été reproduites Chaque tableau a de haut 228 mill.,
de larg. 92 mill.

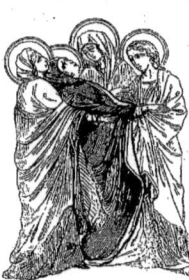

Nº 66. Moitié de diptique, Jésus sur la croix,
six anges en l'air, les saintes femmes soutenant
Marie évanouie huit autres figures Nous reproduisons le groupe de Marie évanouie.

Nº 67. Trois saints tenant chacun un livre :
celui qui est au milieu tient encore de la main
droite une plume. (Voyez la gravure du milieu
de la pl. 24.) Haut. 302 m. larg. 293.

Nº 68. Saint Dominique et une sainte portant une épée (voyez là gravure d'en bas de la
pl. 25). Haut. 262 mill., larg 100 mill.

Nº 69. Saint Jean et une sainte tenant une
palme (voyez la gravure supérieure de la pl. 25).

SPINELLO ARETINO, *né en* 1308, *mort en* 1400, *à* 92 *ans, écolier de Jacques
de Casentino.*

Nº 70 Annonciation et adoration des mages : ces deux scènes sont sé-
parées, caisson. Haut 487 mill., larg. 283 mill. (Voyez pl. 34).

PIERRE LAURATI , *qui travaillait à Sienne, de 1327 à 1342, et hors de Sienne, jusqu'en 1355.*

N° 71. La trahison de Judas, caisson. Cette composition renferme plus de vingt figures : Judas embrasse Jésus-Christ, et le montre aux soldats : saint Pierre se penche vers Malchus, dont il vient de couper l'oreille. Haut. 352 mill., larg. 308 mill. (Voyez pl. 34).

N° 72. Saint François d'Assise ou un saint de cette époque tenant un livre sur lequel on lit une inscription qui finit ainsi : *dicit Dominus*, les autres caractères sont illisibles. Haut. 297 mill , larg. 196 (voyez la première gravure à gauche de la pl. 26).

N° 73. Sainte Catherine d'Alexandrie.

Cinq figures en prières : deux tiennent des rouleaux sur lesquels il y a des caractères qui sont illisibles. (Voyez le second dessin de la planche 26. Haut. 818 mill., larg. 194 mill.

N° 74. Mystères de la religion chrétienne. Dix tableaux réunis en un seul. L'annonciation; la Naissance de J.-C.; Adoration des mages; J.-C. instruisant dans le temple; la Scène; J -C. en prières; la trahison de Judas, en bas du tableau; au milieu, J.-C. sur la croix; à gauche, dans la neuvième séparation, trois saints; à droite, saint Christophe; une sainte et un évêque. Ce tableau se termine en angle aigu. (Voy. pl. 27.) Haut. 975 mill. Larg. 595 mill.

TADDEO GADDI , *né en 1300, et qui vivait encore en 1352.*

N° 75. Saint Jérôme , saint Dominique , saint François d'Assise. Haut. 392 mill. , larg. 257 mill.

N° 76. Saint Placide, saint Benoît, saint Maur. Une religieuse couronnée, à genoux. Elle paraît être la donataire. Saint Benoît tient un livre sur lequel on lit : AVSCVLTATE OEI III PSALM IX. Haut. 454 mill., larg. 325. (Ces deux tableaux n'ont pas été reproduits.)

N° 77. Jésus-Christ sur la croix , Marie évanouie, six femmes, autres figures. Un des gardes, peint en or, a l'armure des chevaliers du temps où vivait le maître. Les gardes se partagent la robe de J -C. Caisson petit et long. (Voyez planche 28.)

Haut. 541 mill. larg. 210 mill.

Dom Lorenzo Camaldolese, mort à 55 ans, élève de Taddeo Gaddi.

N° 78. Volet droit d'un tabernacle. En haut, l'ange qui annonce ; en bas, saint Antoine et des saintes femmes. Haut. 487 mill., larg. 108 mill. (Voyez planche 29, à droite.)

N° 79. Volet gauche du même tabernacle. En haut, la Vierge annoncée. En bas, J.-C. sur la croix. Marie, deux saintes femmes, dont une est à genoux et embrasse la croix. Haut. 487 mill., larg. 108. (Voy. à gauche, planche 29.)

Thomas di Stefano, dit il Giottino, né en 1324, mort en 1356.

N° 80. Tabernacle. Dans le tableau du milieu, en haut N. S. donnant la bénédiction. Plus bas, la vierge assise avec l'enfant Jésus sur ses genoux. L'enfant tient dans sa main un chardonneret. A droite et à gauche, huit saints et quatre saintes dont une est couronnée.

Sur le volet gauche, l'ange Gabriel ; il tient un rouleau sur lequel on lit : ria gratia plena, dominus. Au-dessous, naissance de J. C., saint Joseph, la tête d'un bœuf. Un ange qui vole vers une figure de saint François. Plus bas, saint Christophe traversant le Jourdain en portant J.-C. sur ses épaules.

Sur le volet droit, la Vierge annoncée ; J.-C. sur la croix ; deux anges dont un recueille le sang des blessures de J.-C ; Marie, deux saintes femmes dont une, vêtue de rouge, embrasse la croix. Ce tableau est d'une conservation admirable ; les couleurs ont la fraîcheur d'une composition tout à fait récente : il a été fait hier. Haut. 617 mill., larg. les deux volets ouverts, 581 mill. (Voyez planche 30.)

N° 81. Christ sur la croix ; Marie, trois saintes femmes ; saint Jean ; saint François d'Assise ; deux anges dont un recueille le sang qui sort du côté de J.-C. Haut. 514 mill., larg. 295 mill. (Voyez planche 31.)

N° 82. Un souverain pontife tenant d'une main les clefs et une crosse, de l'autre une plume. Il porte une tiare ornée de trois couronnes. On ne sait pas le nom de ce souverain pontife. (Voyez planche 32, à gauche). Haut. 162 mill., larg. 185 mill.

N° 83. Une sainte, palme en main. Haut. 185 mill., larg. 148 mill. (Voyez planche 32, à droite.)

N° 84. Saint François stygmatisé : près de lui un religieux de son ordre tenant un livre. Haut. 162 mill., larg. 128. (N'a pas été reproduit.)

N° 85. Un saint habillé en rouge, tenant d'une main une crosse et de l'autre une palme. Haut. 465 mill., larg. 160 mill. (Voyez planche 33.

N° 86. Religieux tenant un livre et une croix rouge. Haut. 433 mill., larg. 130 mill. N'a pas été reproduit.

N° 87. Saint portant sur la tête une couronne royale. Haut. 196 mill., larg. 117 mill. (N'a pas été reproduit.)

N° 88. Vierge annoncée.

N° 89. Ange qui annonce. Ces deux tableaux ont chacun de haut. 128 mill. et de larg. 88. Ces deux petits tableaux n'ont pas été reproduits.

N° 90. Femme tenant un instrument de martyre et un livre. Haut. 108 mill., larg. 108 mill. (Voyez planche 35.

N° 91. Saint Antoine tenant un livre et son bâton. (Voyez planche 33.)

N° 92. Saint Dominique tenant un livre. Ces deux tableaux, en triangle ont de haut. 297 mill., et de larg. 244 mill. (Voyez planche 35.)

ANTONIO VENEZIANO, *mort vers* 1383.

N° 93. Trois tableaux en un seul. Entrée de J.-C. dans Jérusalem. La Cène des douze apôtres. J.-C. en prières dans le jardin des Oliviers.

Haut. 352 mill., larg. 848 mill. (N'a pas été reproduit.)

N° 94. Adoration des Mages. La Vierge, l'enfant Jésus, saint Joseph, un Mage à genoux ; deux Mages debout, offrant des présents.

Haut. 322 mill., larg. 265 mill. (N'a pas été reproduit.)

ANDRÉ ORCAGNA, *mort en* 1389, *âgé de soixante ans.*

N° 95. Caisson. Un roi vaincu est au pied d'un prince vainqueur qui lui tend la main. A droite, un combat très-animé ; à gauche, des tentes et la famille du prince qui est à genoux. Les costumes sont ceux des Grecs du huitième siècle.

On remarque un homme à cheval, habillé comme l'ont été depuis les cardinaux. Son cheval est caché sous un caparaçon qui le couvre presque tout entier. Le cheval est vu en raccourci.

Haut. 406 mill., larg. 1,462 mill. (Voyez planche 37.)

N° 96. Portrait de Dante.

Orcagna, né vers 1329, huit ans après la mort de Dante, a pu commencer à travailler vers 1354, à vingt-cinq ans, et voir beaucoup de portraits de Dante : il en existait alors dans presque toutes les villes de l'Italie. Le portrait dont il s'agit ici ressemble à celui de Dante, que l'on admire dans la cathédrale de Florence, et qui est évidemment un ouvrage d'Orcagna. Le poëte est représenté la tête couverte d'une draperie rouge, et ornée d'une couronne de laurier. Les traits offrent quelques différences avec ceux du portrait d'Alighieri, peint au Vatican par Raphaël. Le mouvement de la tête semble indiquer que le poëte marche. L'auteur a-t-il voulu indiquer que la vie d'un exilé est une marche, ou plutôt une fuite continuelle? Haut. 588 mill., larg. 565 mill. (Voyez planche 36, à gauche.)

N° 97. Portrait de Farinata degli Uberti, l'un des chefs de la faction des Gibelins. Au-dessus est écrit : *Farinata Vberti.*

Il était naturel qu'Orcagna, après avoir terminé le portrait de Dante, nous laissât aussi les traits du noble et généreux Florentin, qui, après avoir gagné une victoire signalée sur les Guelfes, ne voulut pas permettre que l'on détruisît Florence. Il pardonna longtemps à des ennemis qui, à leur tour, se montrèrent longtemps impitoyables contre les Gibelins.

Haut. 568 mill., larg. 433 mill. (Voyez planche 36, à droite.)

N° 98. Caisson. L'histoire de Lucrèce, en trois tableaux qui se trouvent sous les n°⁵ 98, 99 et 100. Le n° 98 seul présente plusieurs scènes diverses. A droite du tableau, Sextus Tarquin passe, à cheval, avec des gardes, au moment où Lucrèce sort de sa maison, accompagnée d'une femme qui la suit à quelque distance.

Sur le cheval de Sextus, on lit ces mots (sic) *Sto To,* qui signifient *Sesto Tarquinio.* Sur la marche du perron, où se trouve encore Lucrèce, on lit : *Luchretia.* Un peu plus loin, Brutus et Collatin parlent ensemble. A gauche du tableau, Sextus vient faire une visite à Lucrèce. Au-dessous de Sextus est écrit : *Sesto To.* Au second plan, Sextus, suivi d'un nègre qui porte sur ses épaules une longue épée, monte un escalier conduisant à une galerie. Lucrèce vient au-devant de lui. Plus loin, à travers une autre fenêtre, on distingue Sextus et Lucrèce à table. Enfin, au troisième plan, à travers une autre fenêtre, on voit Lucrèce couchée, et Sextus la menaçant de la longue épée que portait son esclave. A côté de Sextus est écrit : *Sto* ; à côté de Lucrèce, *Lv—a* Haut. 406 mill., larg. 706 mill. (Voyez planche 38.)

N° 99. Suite de l'histoire précédente. Brutus et Collatin sont à table. Lucrèce entre à droite, saisit un couteau et se perce le cœur. On remarque des vues d'architecture bien entendues, des costumes grecs du huitième siècle. Haut. 406 mill., larg 568 mill. (Voyez la planche 38.)

N° 100. Suite de l'histoire précédente. Lucrèce morte est étendue sur un lit; près d'elle est écrit : lvhretia. Plus loin Brutus, à côté duquel est écrit Bnvto, et dix autres figures.

Ce tableau offre des vues d'architecture très-justes. Haut. 406 mill., larg. 706 mill. (Voyez planche 39.)

Ange Pucci, *qui florissait en* 1350.

N° 101. Vierge qui allaite son fils. Au dessus, le Père–Éternel dans un cadre rond, séparé. Fond d'or sur bois. La vierge porte un manteau couleur d'azur. Au bas du tableau est écrit : *Atempvs Dnvs Angnolvs Pvccivs pinxit hoc opvs anno Dni MCCCL a di X d'Aprile.*

Cette inscription est, comme on voit, moitié latine, moitié italienne : ce tableau, qui se termine en angle aigu, est meilleur, en général, qu'une partie de ceux qui précèdent, quoique plein de ce que les Italiens appellent *Grecismo*. Ange Pucci est peut-être Puccio Capanna, Florentin, ou Puccio da Gubbio. Ces maîtres, suivant Vasari et le père della Valle, vivaient dans ce temps. Le premier artiste florissait en 1321; le second en 1334. — L'ouvrage de Lanzi, sur les peintres italiens, qui est l'une de mes principales autorités, ne parle pas d'Ange Pucci.

Cette composition que j'appelle à bon droit *Tableau-Date*, a donc été terminée, ainsi que le dit l'inscription, le 10 avril 1350. Un léger ornement, qui n'est qu'une ligne de séparation entre le chiffre L et le mot *a*, paraît avoir fait croire à quelques personnes qu'il faut lire MCCCLX, c'est-à-dire 1360. Ces personnes se trompent, car plus bas le chiffre X, qui précède le mot, d'*aprile*, a une forme différente. L'académie des beaux-arts de Florence a déclaré avec raison que ce tableau justifie la classification de ma galerie. En effet, les compositions antérieures sont moins bonnes, et les compositions plus récentes possèdent un degré de perfection remarquable. Haut. 1,435 mill., larg. 528 mill. (Voyez la planche 33 à droite.)

STARNINA, *né en 1354 mort en 1403.*

N° 102. Caisson. Jésus descendu de la croix ; Marie ; trois saintes femmes ; deux saints ; un évêque. Joseph d'Arimathie ; une autre figure. (n'a pas été reproduit). Haut. 365 mill., larg. 297 mill.

N° 103. Mariage de la Vierge et de Joseph ; petit caisson sur bois ; ce devait être la partie antérieure du coffre. Le grand-prêtre unit les deux époux ; quatorze femmes accompagent la Vierge. A gauche, même nombre d'hommes. Celui de ces derniers, qui est plus près de Joseph, tient la main en l'air ; un autre brise des bâtons, usage reçu aux mariages de ce temps. La Vierge donne la main droite à Joseph, et porte la gauche au dessous du sein.

Ce petit caisson est très-remarquable, il semble avoir donné depuis, à André del Sarto, l'idée de la fresque, qu'il a peinte, à droite, sous la galerie qui précède l'église de l'Annonciade, à Florence. Les personnages sont groupés de même. Les trois idées principales ont été conservées. La Vierge est placée du même côté ; derrière saint Joseph, le même homme tient la main en l'air ; un autre brise les bâtons. Tous les amateurs qui ont vu et qui ont étudié ce petit tableau, ont admiré le coloris et l'entente spirituelle de la composition. Haut. 190 mill., larg. 488 mill. (Voyez pl. 39.)

N° 104. Martyre de saint Laurent : un bourreau attise le charbon ; un autre en apporte une corbeille toute remplie, qu'il va jeter dans le brasier. (N'a pas été reproduit). Haut. 270 mill., larg. 352 mill.

N° 105. Jésus-Christ baptisé par saint Jean : deux saintes femmes. Ce tableau a la même hauteur et la même largeur que le précédent. (Pl. 40.)

ÉCOLE DE STARNINA.

N° 106. Vierge à genoux ; son fils couché ; saint Jean. Tableau cintré du haut. Haut. 650 mill., larg. 356 mill. (N'a pas été reproduit.)

DELLO, *florentin, mort vers 1421, âgé de quarante-neuf ans.*

N° 107. Fait historique tiré de Bocace. Pendant une peste qui ravageait la Toscane, on s'était retiré dans les campagnes où la maladie n'avait pas pénétré ; espérant se distraire, on passait sa vie dans les plaisirs, autant qu'il était possible de s'y livrer. Le soir, on se réunissait pour raconter des histoires merveilleuses; celui qui racontait la plus belle était couronné comme roi de la soirée.

Deux personnes à genoux au milieu du tableau, vont être couronnées. A droite, un enfant force un chien à se tenir droit; à gauche, trois enfants jouent un jeu italien, appelé la *morra*. Chacun dit en étendant quelques doigts des mains, un nombre quelconque, qui ne peut être au plus que de vingt: car chacun par hasard peut étendre les dix doigts. Si le total des doigts qu'on a étendus forme avec celui des doigts étendus par l'autre, le nombre que l'on a crié d'une voix assez forte, on a gagné. Il y a beaucoup de coups où rien n'est décidé.

Caisson assez grand. Haut. 541 mill., larg. 1,218 mill. (Voyez pl 41.)

Nº 108. Judith. Elle revient du camp avec la tête d'Holopherne à la main, suivie de la servante et d'un petit chien; à droite, les assiégés qui ont fait une sortie, repoussent les soldats d'Holopherne; à gauche, d'autres soldats viennent au devant de Judith. Caisson de la hauteur et de la largeur du précédent. (Voyez planche 41.)

Nº 109. Jésus portant sa croix; un garde précède Jésus-Christ; un autre empêche Marie et deux saintes femmes de suivre Jésus. (Voyez le dessin du bas de la planche 40.)

Nº 110. Jésus à la colonne, où il est battu avec des cordes. Ce tableau et le précédent sont des caissons qui ont chacun de hauteur 528 mill., et de largeur 266 mill. (Voyez planche 44.)

Nº 111. Triomphe de Jules César. Il est porté en triomphe sur un char. A droite, sur un fond d'architecture, est écrit *Roma*. Le sénat romain en habits florentins, du temps où vivait l'auteur, vient au devant de Jules César. Au dessous du triomphateur est écrit *Cesari Giulio*. Il tient à la main un sceptre surmonté d'une aigle. Ce tableau offre plus de trente-cinq figures. Caisson, haut. 400 mill., larg. 1545 mill. (Voyez planche 43.)

MASOLINO DA PANICALE, *né en 1377, mort en 1415, maître de Masaccio.*

Nº 112. Vierge avec son enfant dans ses bras L'enfant tient dans sa main droite la moitié d'une grenade.

Ce tableau est de la première manière de Masolino. Haut. 615 mill., larg. 352 mill. (Voyez planche 45.)

Nᵒ 113. Vierge, son fils dans ses bras. Dans le fond, des arbres, une tour. Ce tableau est d'une composition très-ingénieuse. (Voyez planche 45.) Haut. 704 mill., larg. 528 mill.

QUATORZIÈME SIÈCLE.

MASACCIO, *né en 1401, mort en 1443.*

Nᵒ 114. Saint Jérôme, habillé en cardinal. Haut. 742 mill., larg. 485 mill. (Voyez planche 42.)

Nᵒ 115. Tête de jeune homme. Cette tête se retrouve dans les fresques de Masaccio, au *Carmine*, à Florence. Les ouvrages de Masaccio sont très-rares. Haut. 433 mill., larg. 325 mill (Voyez planche 49.)

AUTEUR INCONNU *qui travaillait en Toscane, au commencement du quinzième siècle. Son style est un mélange du style grec et du style florentin de ce temps.*

Nᵒ 116. Saint Luc, fond d'or.
Nᵒ 117. Saint Pierre, *id.*
Nᵒ 118. Saint Philippe, *id.*
Nᵒ 119. Saint Jean, *id.*
Nᵒ 120 Saint Jacques, *id.*
Ces cinq numéros ont chacun de hauteur 290 millim., de larg. 216 millim. (Voyez planche 46.)

LAURENT DI BICCI, *mort v ers 1450.*

Nᵒ 121. Cinq têtes de saints, peintes sur to ile, collées sur bois. Haut. 487 millim., largeur 230 millim. (Ce tableau n'a pas été reproduit).

PAUL UCCELLO, *né en 1380, mort en 1472.*

Nᵒ 122. Saints martyrisés Caisson. A droite deux viei ards paraissent juger les saints, que l'on crucifie à l'instant : au-dessus des croix, on voit les âmes des crucifiés qui s'envolent au ciel. Haut. 277 millim. larg, 415 millim. (Voyez planche 44).

Nᵒ 123. Caisson. Plusieurs figures aux enfers, dans des chaudières : à droite, l'ange Gabriel avec une balance. Un saint vient retirer de l'enfer une figure après laquelle court un diable qui a des ailes rouges. L'auteur paraît s'être inspiré d'un passage de Dante. (Voyez planche 47.)

N° 124. Plateau sur lequel on offrait des présents aux femmes accouchées: il représente sainte Élisabeth, au moment où elle vient de mettre au jour saint Jean-Baptiste. Elle est entourée de quatre femmes : Sur le devant, l'enfant dans les bras d'une servante; une autre fait des signes à l'enfant pour apaiser ses cris; une troisième pince d'une espèce de guitare pour le réjouir.

Au bas du tableau est écrit : (sic) *questo si fe a di XXV d'aprile nel mille quatrocento ventotto.* Cela a été fait le 25 avril 1428.

Derrière ce tableau, sur toile collée sur bois, est un enfant dans un bosquet d'orangers. Autour est écrit : (sic) *Faccia iddio sana ogni donna che figlia e padri Loro.... a loro... sia sensa noia o richdia isono un banbolin gesu dimoro fo la piscia d'arjento e d'oro.* L'enfant fait ce qu'exprime le mot *Piscia.*

Il tient à la main un joujou du temps. A droite et à gauche, les armoiries de deux familles distinguées de Florence, tableau octogone. Haut. 59 5 millim., larg. 595 millim. (Voyez planche 48).

N° 125. Jé us-Christ embrassant sa mère.

Cinq autres figures. Caisson. Haut. 279 millim., largeur 420 millim. (Voyez planche 47.)

FRA ANGELICO, né en 1389, mort en 1455.

N° 126. Résurrection. Les trois Maries, peintes sur parchemin, un ange dont la figure et les mains sont rouges. (N'a pas été reproduit.) Haut. 146 millim., larg. 144 millim.

N° 127. Quatre anges posés sur la pointe du pied, et soutenus par des espèces de nuages. Haut. 279 millim., larg. 188 millim. (Voyez planche 49.)

ANDRÉ DEL CASTAGNO, né en 1430, mort vers 1477.

N° 128. Jésus dans le jardin de la montagne des Oliviers, esquisse d'un grand tableau. Haut. 88 millim., larg. 88 millim. (Voyez planche 48.)

ALEXIS BALDOVINETTI, *né en 1425, mort en 1499.*

Nº. 129. Saint Dominique et saint François. Ils sont chacun accompagnés de deux frères de leur Ordre. Cette entrevue des deux fondateurs d'Ordre, est assurée par les Bollandistes Wadding et Cuper, et niée par d'autres auteurs. M. Lécuy, article François d'Assise, dans la *Biographie universelle*, pense que François s'était lié à Rome avec saint Dominique, et que tous deux assistèrent avec le cardinal Ugolin, au chapitre général des franciscains, tenu à Sainte-Marie-des-Anges, près Assise, en 1219.

On remarque dans ce tableau, une perspective d'un effet excellent, une de ces perspectives que M. Granet a imitées, et si glorieusement perfectionnées. Haut. 257 millim., larg. 270 millim. (Voyez planche 50.)

Nº 130. Un évêque avec des gants rouges. On croit que c'est un ancien évêque de Florence. Haut. 203 millim., larg. 176 millim. (Voyez planche 50.)

Nº 131. Un Saint père qui lit. Haut. 142 millim., larg. 142 millim. (Voyez planche 48).

Nº 132. Saint Dominique, un lis en main. Il tient un livre sur lequel on lit : *Charitatem habete, humilitatem serva...., etc.* Haut. 212 millim., larg. 148 millim. (Voyez planche 50).

PESELLINO PESELLI, *né en 1426, mort très-jeune en 1457,*

Nº 133. Histoire de Joseph, première partie. Cinq scènes différentes. Il reçoit la bénédiction de son père. Il est vendu par ses frères à des marchands ismaélites. Il fuit la femme de Putiphar, et lui laisse son manteau. Il explique le songe des grands officiers de Pharaon. Il explique le songe de ce prince.

Cette composition a dû être entreprise pour quelque grand de Florence qui s'appelait Joseph. La couleur est belle, les draperies sont fortement étudiées. L'art a fait des progrès remarquables (Voy. planche 51.)

Nº 134. Deuxième partie de la même histoire. Cinq autres scènes distinctes. Joseph se fait reconnaître par ses frères. Il leur fait distribuer du blé. Il les congédie chargés de présents. Il ordonne que l'on cache une coupe d'or dans le sac de Benjamin. On ramène Benjamin. A droite du tableau, on voit toute la partie antérieure d'une girafe bien dessinée. En 1456,

un négociant égyptien avait fait voir une girafe dans une fête de Pise , Pesellino Peselli a voulu qu'elle figurât dans le tableau que nous décrivons.
On sait que les Toscans étaient très-portés à réunir déjà, dans des ménage-
ries, toutes sortes d'animaux étrangers. Laurent le Magnifique ayant ma-
nifesté le désir de posséder une girafe , le soudan d'Égypte lui en envoya
une en 1492. Ainsi, on a eu tort de dire que la girafe que nous possédons
à Paris est la première qui ait été vue en Europe. L'auteur, craignant ap-
paremment que cet animal , s'il était peint en entier, ne parût manquer de
grâce et d'élégance, parce que ses pieds de derrière sont plus courts que
ceux de devant, n'a placé ce gracieux animal qu'à l'extrémité de son tableau, et ne laisse voir que la partie antérieure.

Ce tableau et le précédent sont deux caissons qui étaient très-estimés à
Florence : le traité pour l'acquisition de ces deux magnifiques ouvrages de
Pesellino a duré plus d'un an. Haut. 458 mill. , larg. 1,677 mill. (Voyez
planche 52.)

ÉCOLE DE MANTEGNA , QUI FLORISSAIT EN 1480.

N° 135. Plateau représentant Diane au bain. Haut. 514 mill. , largeur,
645 mill. (Ce tableau n'a pas été reproduit.)

SANDRO BOTTICELLI , *né en 1437, mort en 1515.*

N° 136. Jésus-Christ sur la croix au milieu des deux voleurs. Les gardes
se partagent la robe de Jésus-Christ : un de ces gardes, vu par derrière, est
d'un effet très-beau. Hauteur, 334 mill., larg., 248 mill. (Voyez la pl. 53.)

N° 137. Jésus-Christ sur la croix , Marie et une sainte femme. Haut.,
297 mill., larg. 244 mill. (Voyez planche 53.)

N° 138. Jésus-Christ sur la croix. Deux anges en adoration. Un garde
à cheval. Marie; trois saintes femmes, dont une à genoux. Saint François
d'Assise à genoux, un saint, deux évêques. Haut. 597 mill., larg. 282 mill.
(Voyez planche 54.)

PIERRE DI COSIMO, *né en 1441, mort en 1521.*

N° 139. Vierge tenant l'enfant Jésus (Planche 55 .

Nº 140. Résurrection, saints , anges ; plus bas le purgatoire, où l'on voit des âmes qui prient , et l'enfer, où l'on distingue des âmes couvertes de sang, poursuivies par des diables. Ce numéro et le nº 139 ont de hauteur 310 mill., et de largeur 210 mill. (Voyez planche 56.)

DAVID GHIRLANDAJO , *né en* 1451, *mort en* 1525.

Nº 141. Vierge à genoux, Jésus, un ange. Haut. 514 mill., larg. 358 mill. (Ce tableau n'a pas été reproduit.)

Nº 142. Vierge assise , tenant sur ses genoux l'enfant Jésus, à qui deux anges offrent des cerises. (Haut. 852 mill., larg., 852 mill. (Voy. planche 57.)

Nº 143. Vierge, l'enfant Jésus. Dans le fond une cheminée où est un brasier allumé. Sur le devant, un chardonneret et la moitié d'un citron.

On voit que, dès avant Raphaël, l'usage était d'introduire des chardonnerets pour amuser l'enfant Jésus. Cet usage remonte à Guido de Sienne. (Voy. le nº 24, page 28.) Haut. 590 mill., larg. 424 mill. (Voyez planche 58.)

Nº 144. Vierge, son fils, saint Jean. Tableau cintré du haut. Haut. 712 mill. larg. 374 mill. (N'a pas été reproduit.)

Nº 145. Vierge, son fils qui tient un chardonneret dans sa main; saint Jean, un ange. Haut. 650 mill., larg. 493 mill. (Voyez planche 58.)

DOMINIQUE GHIRLANDAJO , *né en* 1451 , *mort en* 1495 , *frère du précédent.*

Nº 146. Jésus sur la croix, Marie, quatre autres figures, paysage. Hauteur 791 mill., larg. 914 mill. (Voyez planche 59.)

ÉCOLE DE FRA BARTOLOMEO , QUI FLORISSAIT EN 1495.

Nº 147. Saint Jean l'Évangéliste.

Nº 148. La Vierge.

Nº 149. Jésus mort. Ces trois tableaux ont de hauteur 476 mill., et de largeur 476 mili. (Ces tableaux n'ont pas été reproduits.)

PIERRE VANNUCCI , dit LE PÉRUGIN, *né en* 1446, *mort en* 1524.

Nº 150. Notre-Dame, Jésus, saint Jean ; l'enfant Jésus prend une croix que lui présente saint Jean ; à la gauche de la Vierge, un livre rouge. Ce tableau provient d'une ancienne galerie de Florence. Il est très-difficile de se procurer des tableaux de ce maître. Il faut remarquer qu'on voit les pieds de la Vierge. Cette circonstance, disent les experts de Florence, donne un nouveau prix à cette composition.

Je me suis arrêté au Pérugin. Je ne crois pas qu'un amateur puisse facilement se procurer des tableaux de Raphaël. Il n'y a que des gouvernements ou des conquérants, ou des personnages favorisés par une foule d'occurrences qu'il n'est pas aisé de réunir, qui puissent acquérir des tableaux vrais de ce divin compositeur. Quel plaisir d'aller offrir au public des tableaux dont l'authenticité est justement contestée? D'ailleurs, je n'entendais acquérir que des ouvrages de peintres primitifs, et je n'ai pas entendu porter mes recherches jusqu'au chef le plus illustre de la renaissance.

De nos jours, des artistes savants, auxquels on n'a pas assez rendu justice, et qui ont publié des écrits fort instructifs, ont peint des tableaux en détrempe. Il serait à désirer que l'exemple qu'ils ont donné fût suivi ; et puisque tant de tableaux *a tempra*, peints il y a quatre cents ans, peuvent présenter une conservation si remarquable, pourquoi la peinture sans huile ne viendrait-elle pas se placer modestement à côté de la peinture à l'huile?

Quelques-unes des grandes compositions de nos jours, destinées à perpétuer le souvenir d'innombrables faits glorieux pour la France, parviendraient ainsi à la postérité, telles que nos célèbres artistes les auraient conçues et exécutées, et il y aurait lieu de s'applaudir d'avoir prouvé que plusieurs siècles n'enlèvent souvent rien de la fraîcheur d'un tableau peint sans huile.

D'après des études fort savantes que nous devons à M. de Montabert, qui a composé un des meilleurs ouvrages modernes sur la peinture, il paraît constant que la tradition nous a conservé la manière de peindre que l'Italie reçut des Grecs de Constantinople. On sait qu'elle consistait dans le mélange de l'œuf et de la cire. On a employé même à certaines époques, le jaune d'œuf, pour les teintes plus colorées, et l'on ne peut douter de toute la puissance de ce moyen: depuis, on ne s'est servi que de blanc d'œuf. C'est avec le blanc d'œuf que l'on détrempait les couleurs et celle de la préparation du panneau, ou du bois plus ou moins sculpté, disposé pour recevoir ces couleurs. Les Italiens disent aussi qu'on employait le lait de figuier. M. de Montabert ajoute prudemment : « Mais a-t-on eu recours, « pour s'assurer de tous ces faits, aux décompositions de la chimie? A-t-on « seulement essayé tous les dissolvants, les essences, les spiritueux? a-t-on « bien pensé à reconnaître les résines et les gommes ? »

Du res'e, mes tableaux sont là pour amener la science à juger quel a pu être le procédé employé pour les peindre.

Puissent d'autres amateurs réunir maintenant les tableaux des écoles flamande, allemande, hollandaise et espagnole! Je ne crois pas que les premiers ouvrages de l'école directement française, c'est-à-dire faits en France par des Français, et non par des Italiens ou des Allemands, remontent à un siècle ou un siècle et demi au delà de Laurent Vouet, qui florissait en 1572.

Quant aux anciens tableaux des écoles flamande, allemande et hollandaise (je ne parle pas de l'ancienne école espagnole, sur laquelle je n'ai pas en ce moment d'informations précises), je sais déjà que les amateurs suisses en ont réuni un petit nombre. M. Daniel Bourcard et M. Dienast en possédaient de précieux. M. Visher, ancien conseiller à Bâle, en rassembla aussi à son château de Wildenstein. Il a été même possesseur d'une partie de la fresque peinte à Bâle de 1430 à 1438, et qui représentait la danse des morts; ce morceau de fresque est de 980 millim. sur 975. On y voit une femme dont la tête est couverte d'un voile semblable à celui des Madones du douzième siècle qu'on trouve dans ma collection. C'est mal à propos que l'on a attribué ces ouvrages à Holbein. M. le chevalier Fiorillo s'est élevé contre cette erreur. Il ne faut pas oublier d'honorer le zèle de ce savant, qui, après avoir traité de l'état de la peinture en Italie, dans les premiers temps, s'est occupé de rechercher l'état de la peinture en Allemagne, aux mêmes époques.

Il est convenable de terminer mes observations. Ne résulte-t-il pas de toutes les considérations présentées plus haut, que l'histoire de la peinture n'est bien connue que depuis le treizième siècle : que des traditions seulement nous ont appris ce que nous savons du douzième, et que ces traditions doivent être d'autant plus respectées, à défaut d'histoire précise, que les monuments de ce siècle existent et sont sous nos yeux?

Les fureurs des iconoclastes prouvent, par induction, que dans le huitième siècle, il y avait des tableaux et des images. Il n'est pas étonnant qu'après le règne funeste de ces ennemis de toute civilisation, beaucoup de monuments de peinture se soient trouvés détruits. Peut-être découvrira-t-on des maîtres antérieurs à André Rico : car depuis 845, jusqu'en 1100, on a dû peindre librement des images. Il est probable que, puisque nous ne connaissons aucun nom d'auteur de ce temps, que la peinture a été plutôt tolérée que véritablement encouragée, et qu'aucun artiste n'a osé signer ses ouvrages. Le système des iconoclastes semble en quelque sorte subsister encore indirectement chez des Grecs de nos jours, quant aux tableaux de religion. Ces peuples paraissent défendre à cet art de faire le moindre progrès, et ils n'admettent à peu près, si l'on peut parler ainsi, que la représentation des images semblables à celles du temps où on les brisait.

C'est donc l'Italie qui a véritablement conservé la peinture. C'est à cette courageuse Italie que nous devons la conservation d'un art si brillant dans lequel les Français ont obtenu et obtiennent tous les jours tant de succès. Ces mêmes Français, cette nation généreuse, sensibles à l'affront de n'être pas arrivés les premiers dans une lutte où il fallait montrer de l'âme, de la sensibilité et de l'esprit, tendent à former une école épurée qui réunisse en une seule les qualités et le caractère de toutes les écoles connues. Les peintres italiens, flamands, allemands et espagnols qui sont célèbres aujourd'hui, défendront sans doute à leur tour, l'honneur de leur pays, et il ne peut naître, d'un semblable combat, comme à l'époque où l'élève de Pérugin, Raphaël, vainquit ses rivaux, que la plus noble et la plus touchante émulation; de part et d'autre, des preuves constantes d'un égal courage et d'une perfection d'intelligence comme surnaturelle; enfin, un immense siècle de gloire dans lequel les anciens auteurs pourraient craindre de reparaître.

FIN.

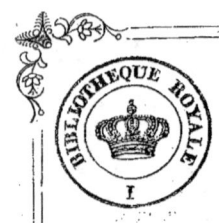

TABLE DES PLANCHES

CONTENUES DANS LES PEINTRES PRIMITIFS.

Pl. 6. 1 dessin. *La S^e Vierge et l'enfant Jésus,* }
7. 1 dessin. *Grande Vierge,* } par GUIDO DE SIENNE.
8. 2 dessins. *La S^e Vierge et l'enfant Jésus,* }
    1 *tableau,* ANCIENNE ÉCOLE VÉNITIENNE.
9. 2 dessins. *Adoration des pasteurs,* ANCIENNE ÉCOLE VÉNITIENNE,
    Adoration des Mages, XIIIe siècle.
10. 1 dessin. *Tableau,* par ANDRÉ TAFI.
11. 2 dessins. *Naissance de Jésus-Christ,* }
    Adoration des Mages, } par LE MÊME.
12. 2 dessins. *St François d'Assise,* }
    Ste Claire d'Assise, } par MARGHERITONE.
13. 1 dessin. *Tabernacle,* }
14. 1 dessin. *Tableau,* }
15. 6 tableaux en un seul. *Vie de J.-C.,* }
16. 5 dessins. *Cinq portraits de saints,* } par CIMABUÉ.
17. 2 dessins. *St Cyprien. — St Jean,* }
18. 1 dessin. *Diptique,* }
19. 1 dessin. *Tabernacle,* par DIODATO DA LUCCA.
20. 1 dessin. *Tableau rond,* }
21. 2 dessins. *Jésus sur la croix, Marie, etc.* } par GIOTTO.
    Un Christ, trois Figures, }
22. 1 dessin. *Couronnement de Marie et sup-* } par SIMON MEMMI
    plice de S^e Catherine,* }
23. 1 dessin. *Tabernacle,* par BUFFALMACCO.
24. 3 dessins. *St Antoine,* par CIMABUÉ.
    Quatre Saints, }
25. 2 dessins. *Quatre Saints,* } par BUFFALMACCO.
26. 2 dessins. *St François d'Assise,* }
    Ste Catherine d'Alexandrie, } par PIERRE LAURATI.
27. 1 dessin. *Mystères de la religion chrétienne,* par LE MÊME.
28. 1 dessin. *Jésus sur la croix, Marie évanouie, etc.,* par TADDEO
    [GADDI.
29. 2 dessins. *Deux volets de tabernacle,* par DOM LORENZO CAMAL-
    [DOLÈSE.
30. 1 dessin. *Tabernacle,* }
31. 1 dessin. *Jésus sur la croix,* }
32. 2 dessins. *Un évêque,* } par THOMAS DI STÉFANO, dit IL
    Une sainte, } GIOTTINO.
33. 2 dessins. *Un saint père,* }

La Ste Vierge allaitant l'enfant Jésus, par ANGE PUCCI.

Pl. 34. 2 dessins. *Annonciation et adoration des Mages*, par SPINELLO
[ARETINO.

La trahison de Judas, par PIERRE LAURATI.

35. 3 dessins. *Trois saints*, par THOMAS DI STEFANO, dit IL GIOT-
[TINO.

36. 2 dessins. *Portrait de Dante*,
Portrait de Farinata degli Uberti,

37. 2 dessins. *Fragment d'un caisson*,   par ANDRÉ OR -
38. 2 dessins. *Histoire de Lucrèce* (caisson),   CAGNA.
Suite de la même histoire (id.),
39. 2 dessins. *Suite de la même histoire* (id.),

Mariage de la Vierge et de Joseph,   par STARNINA.
40. 2 dessins. *Baptême de Jésus*,
Jésus portant sa croix,
41. 2 dessins. *Fait historique tiré de Boccace*,   par DELLO.
Judith,

42. 2 dessins. *Une religieuse*, par TH. DI STEFANO dit IL GIOTTINO.
St Jérôme (cardinal), par MASACCIO.
43. 1 dessin. *Triomphe de Jules César*, par DELLO.
44. 2 dessins. *Saints martyriés*, par PAUL UCCELLO.
Jésus battu de cordes, par DELLO.
45. 2 dessins. *La Vierge et Jésus*,
Même sujet,   } par MASOLINO DA PANICALE.
46. 5 dessins. *Cinq têtes d'études*, par UN AUTEUR GREC INCONNU.
47. 2 dessins. *L'ange Gabriel, etc* ,
Jésus-Christ embrassant sa mère, } par PAUL UCCELLO
48. 3 dessins. *Naissance de St Jean-Baptiste*,
Jésus dans le jardin, par ANDRÉ DEL CASTAGNO.
Un saint père, par ALEXIS BALDOVINETTI.
49. 2 dessins. *Tête de jeune homme*, par MASACCIO.
Quatre anges, par FRA ANGELICO.
50. 3 dessins. *St Dominique et St François*, } par ALEXIS BALDO-
Un évêque. — St Dominique, } VINETTI.
51. 2 dessins. *Histoire de Joseph* (première partie), } par PESELLINO
52. 2 dessins. *Histoire de Joseph* (deuxième partie), } PESELLI.
53. 2 dessins. *Christ sur la croix*, {
54. 1 dessin. *Même sujet*,   { par SANDRO BOTTICELLI.

FIN DE LA TABLE.

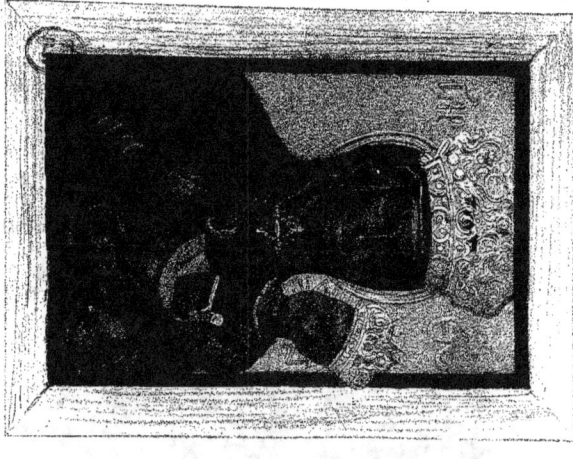

Challamel del.

Peint par André Rico.

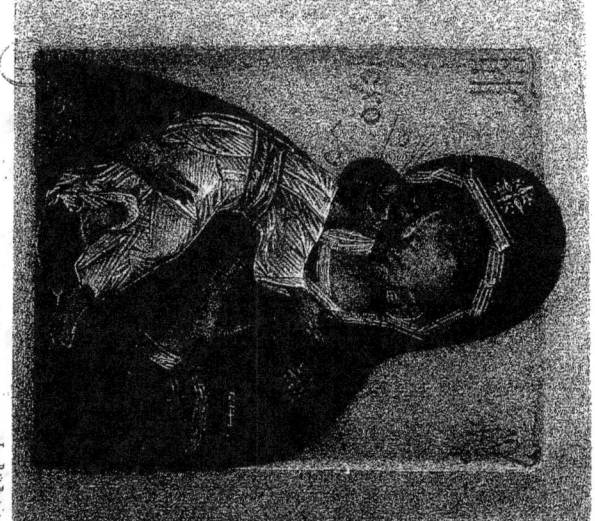

Peint par Barnaba.

Challamel fils, 4 rue de l'Abbaye F. S¹ G°

Imp. Petit, Bertauts.

Peintre primitifs. Pl. 1.

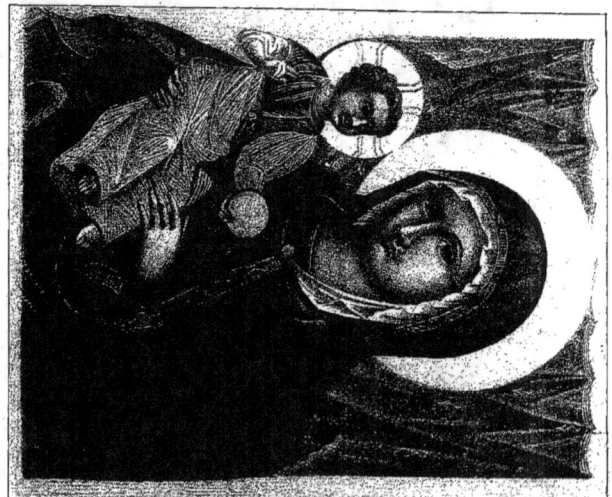

Peints par Bizzamano.

Challamel édit. 4, rue de l'Abbaye F.S.G.

Challamel del.

Imp. Paul Bertani.

Peinture primitive. Pl. 2.

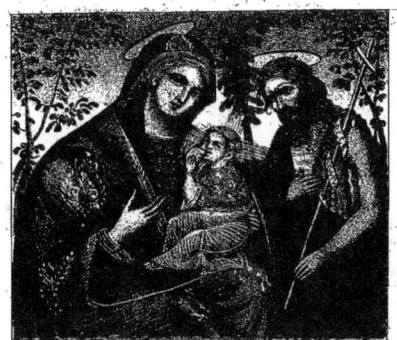

(Par Bizzamano Neveu.)

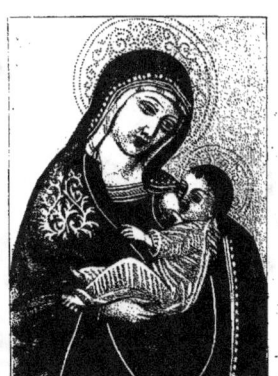 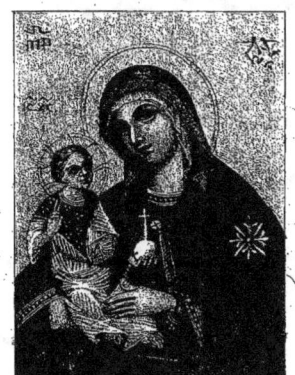 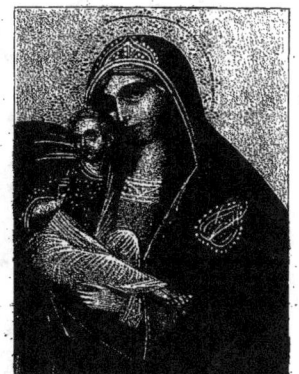

(Peint Par Bizzamano Neveu.)

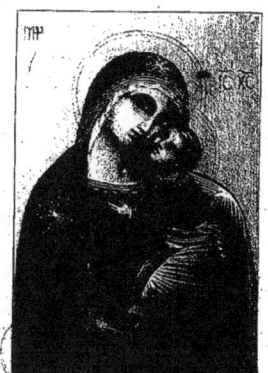

(Par Bizzamano Neveu.)   (Ancienne École Vénitienne XII.me Siécle.)

Challamel del,   Challamel Éditeur, 4. R. de l'Abbaye.(F.St G.en)   Imp. Bertauts.

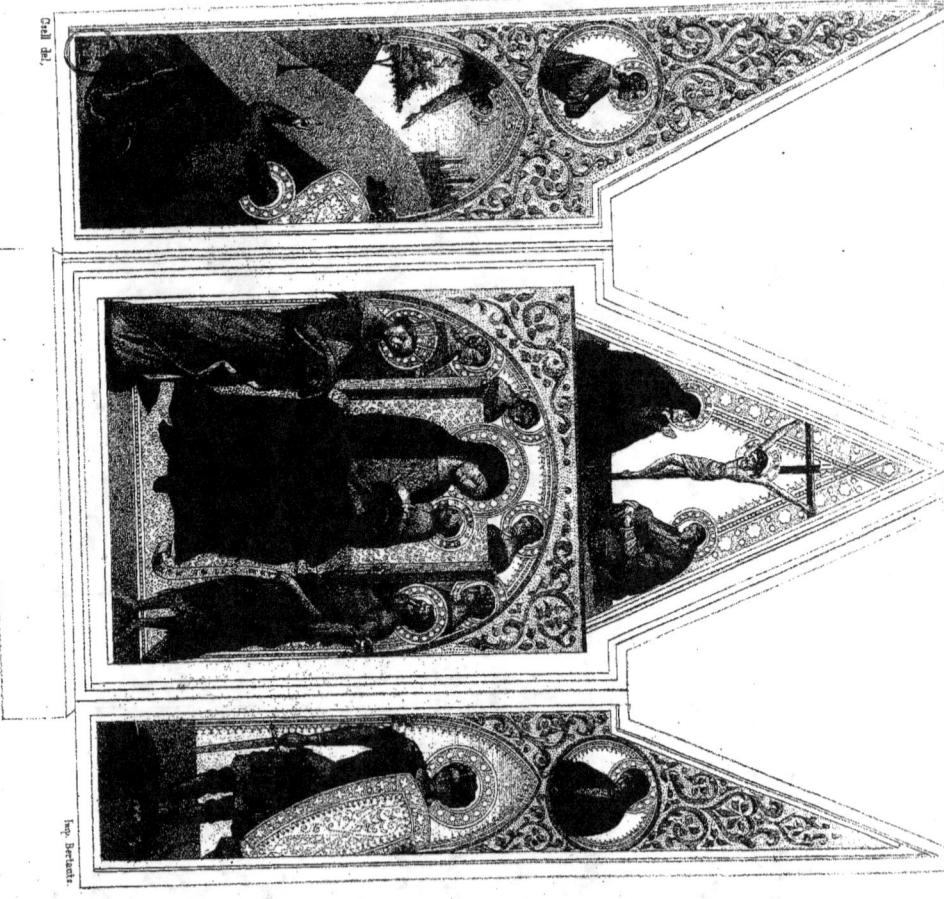

Tabernacle. Ancienne ecole Vénitienne (XII.e Siecle.)

Crell del.

Imp. Bertauts.

Guido de Sienne.

Challamel Editeur 4. R. de l'Abbaye. (F.St.G.ᵐⁱⁿ)

Anc.ᵉ Ecole Vénitienne (XIIᵉ Siècle.)

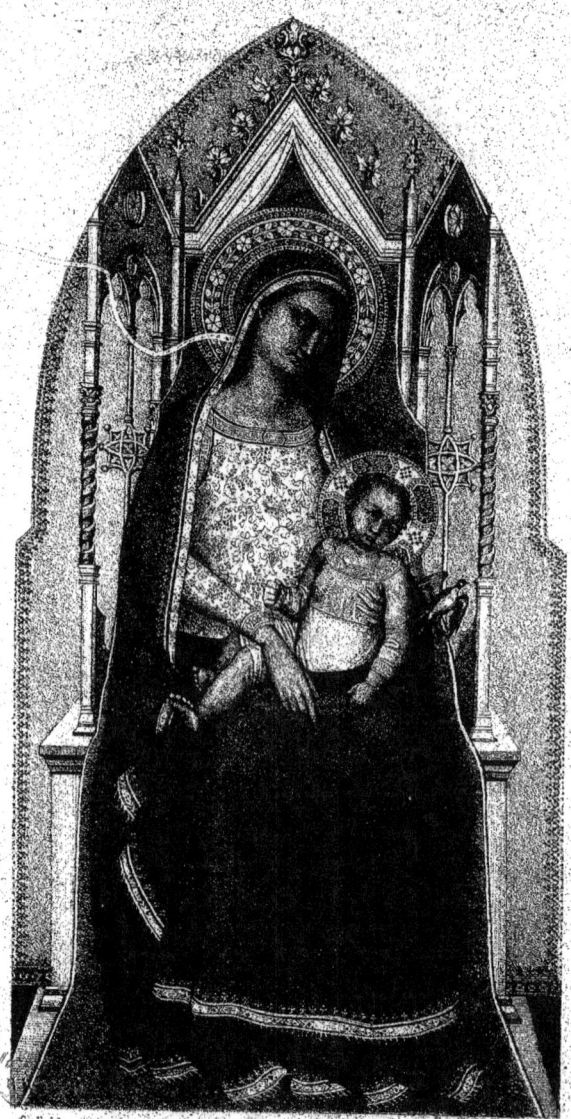

Guell del.   Imp. de Paul Petit.

Peint par Guido de Sienne

Challamel édit. 5, r. de l'Abbaye. S.G.

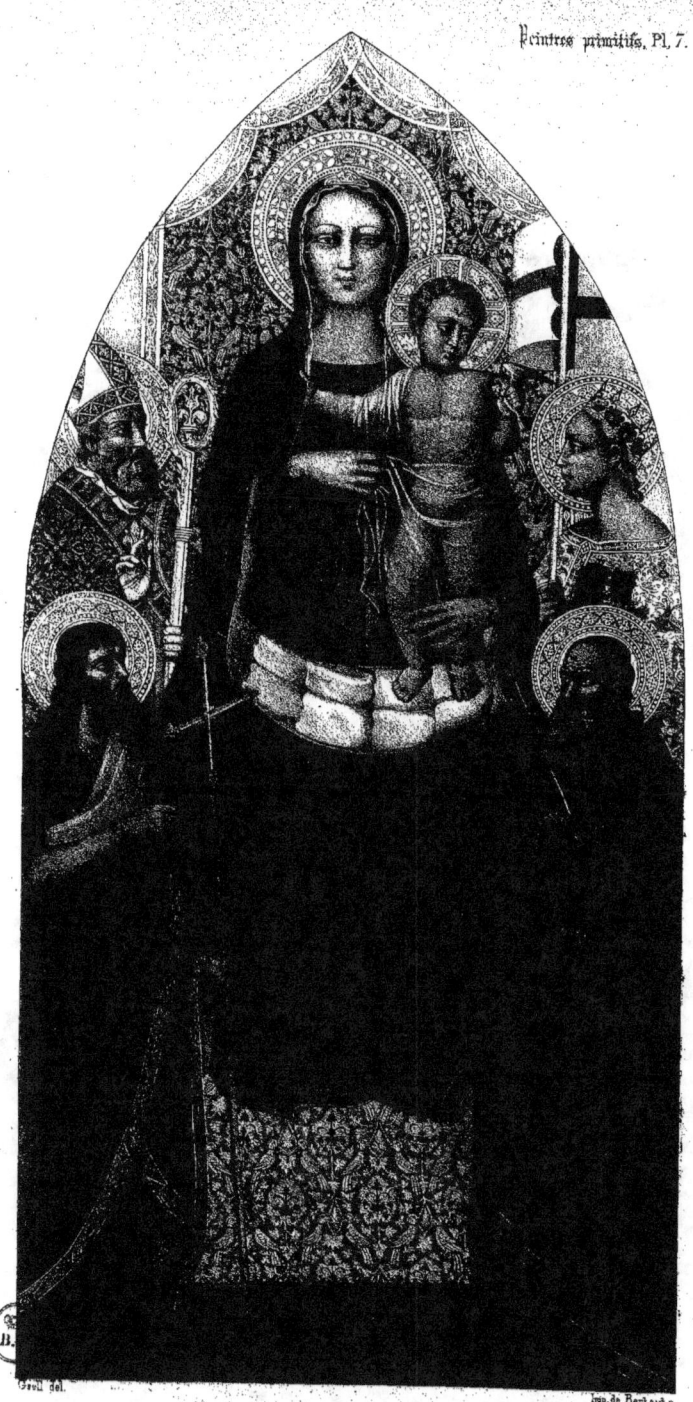

Geoll. del.

Imp.de Bertauts.

Grande Vierge par Guido de Sienne

Challamel edit 4, 3 de l'Abbay, f S! G™

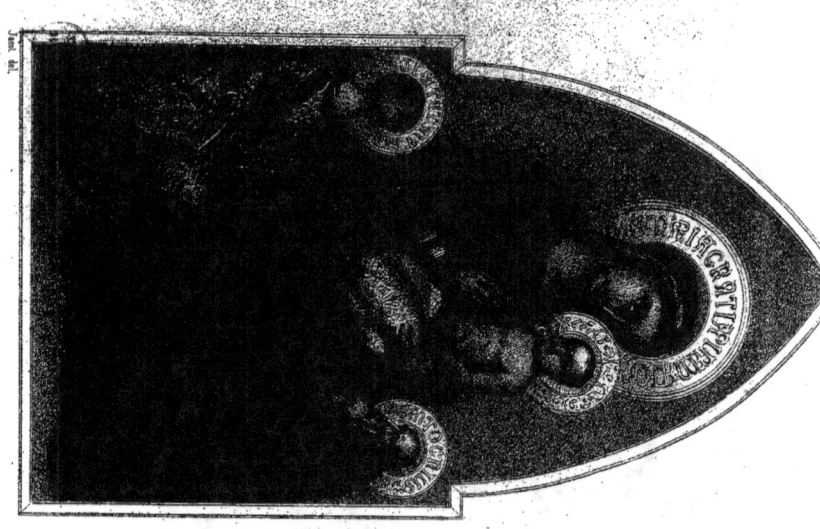

Guido de Sienne.

Delamol édit 4 R de l'Abbaye.(F. St C.)

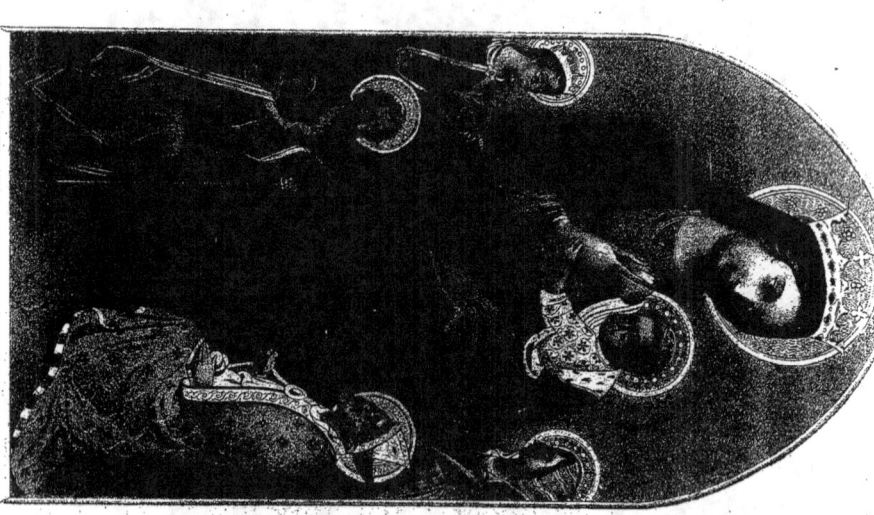

Ancienne Ecole Vénitienne, XII.e Siècle.

Imp Grégoire & Deneux.

Peintres Primitifs, Pl. 8.

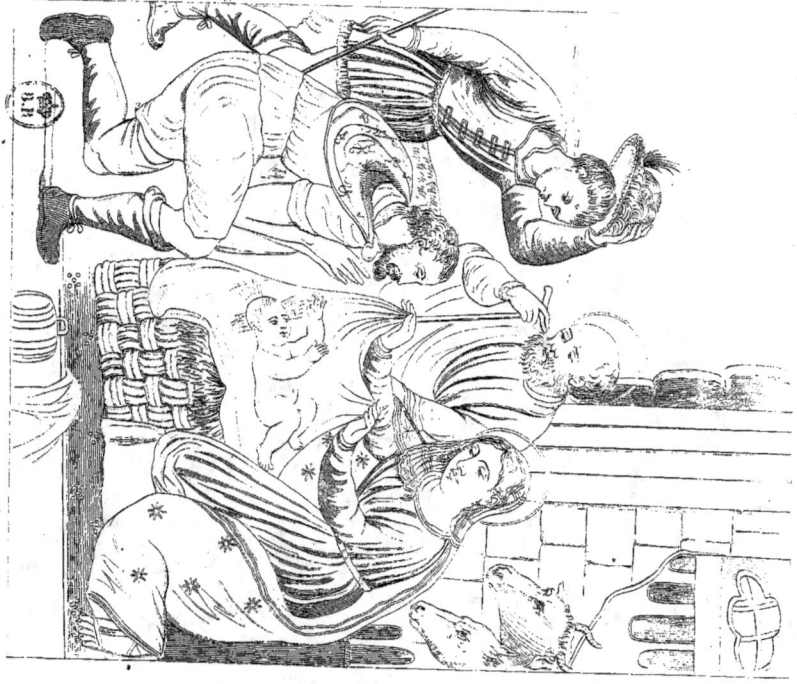

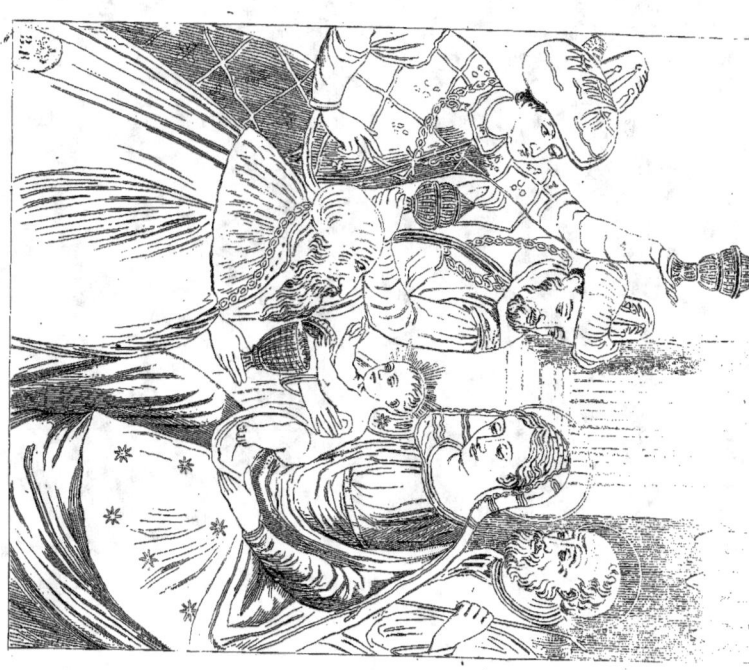

Ancienne école vénitienne du XIIIe Siècle.

Peintres primitifs. Pl. 9.

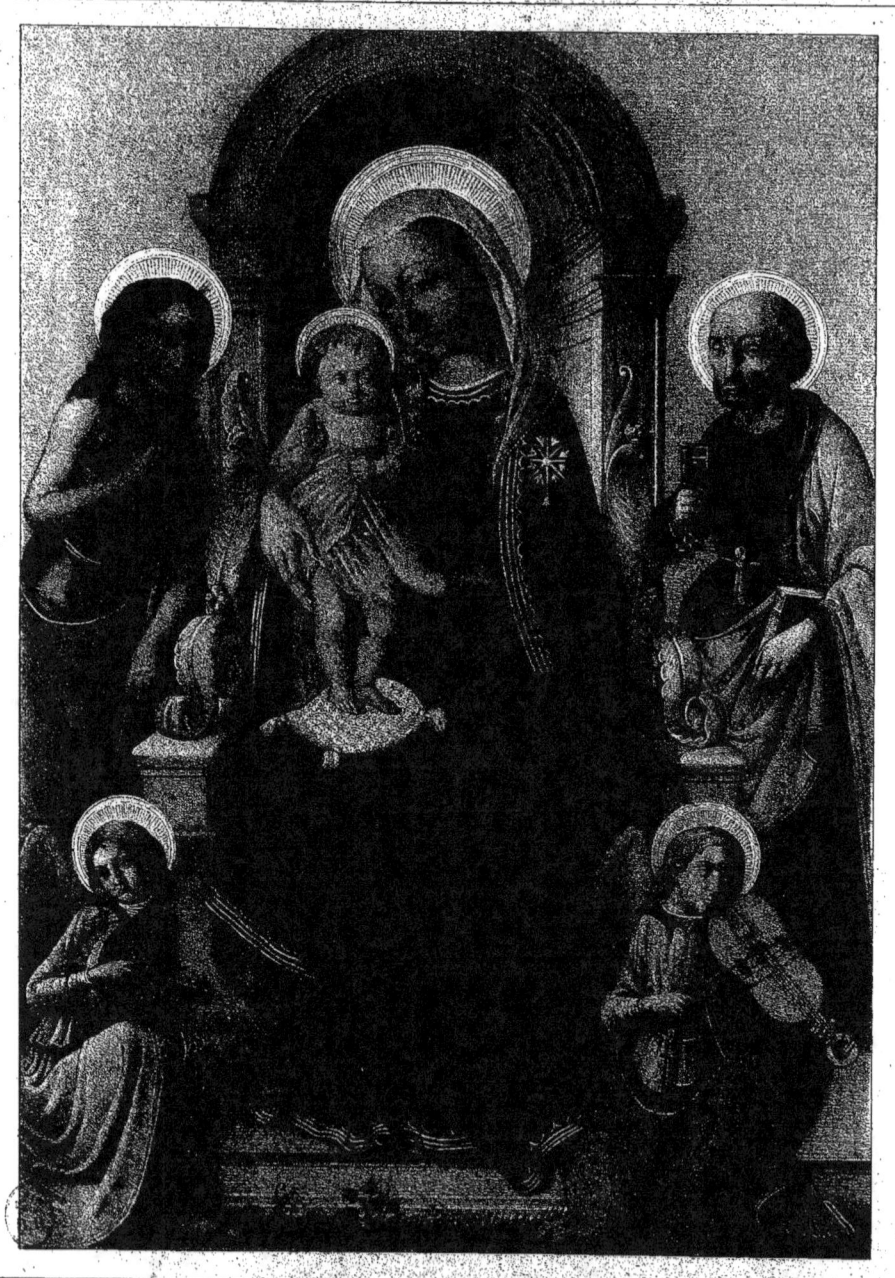

Peint par André Tafi.

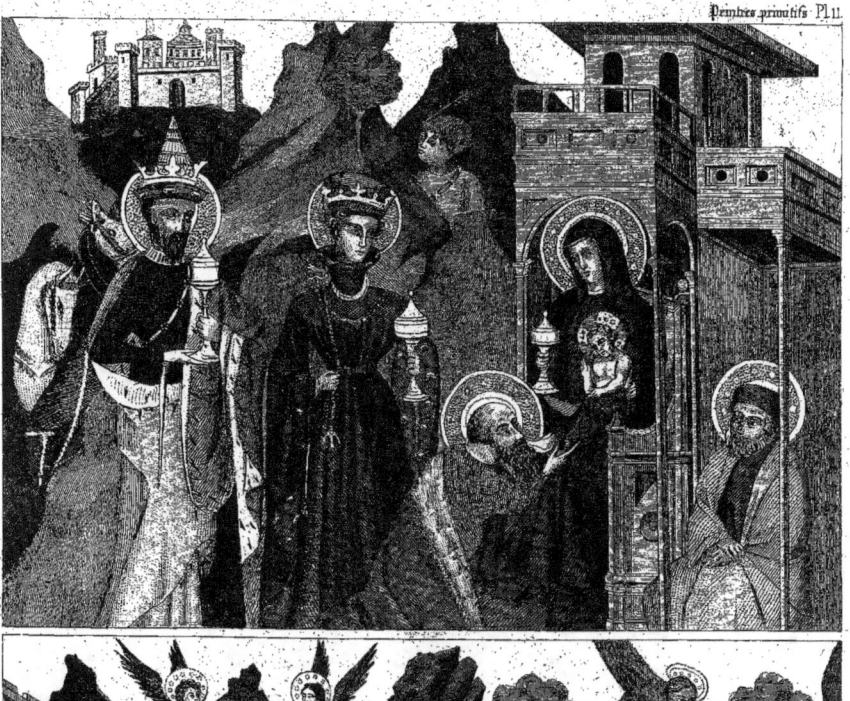

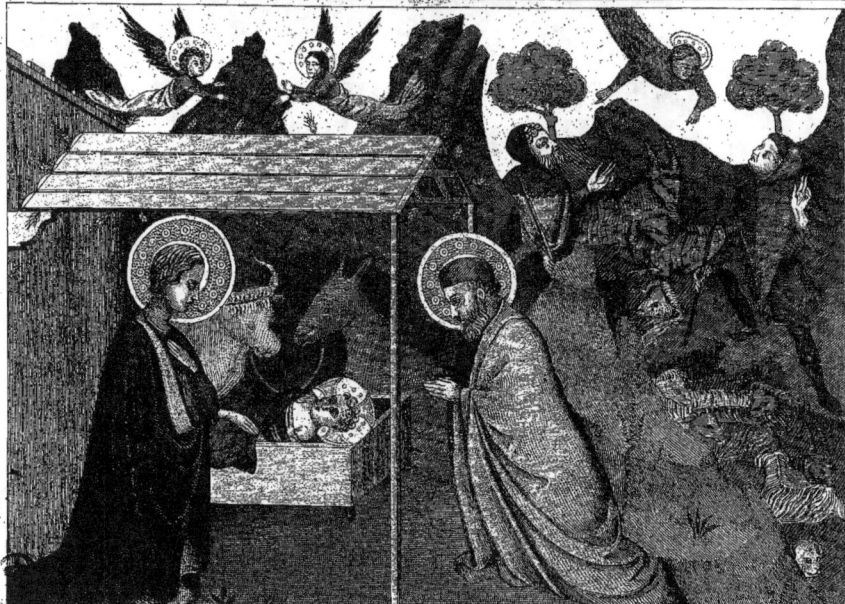

Tableaux peints par André Tafi

Challamel Édit. à rue de l'Abbaye, F. S. G⁸

Peintres Primitifs. Pl.12.

Moullecon del.

Saint François d'Assise.

Peints par Margherttone d'Arezzo.

Sainte Claire d'Assise.

Imp Bertauld Paris.

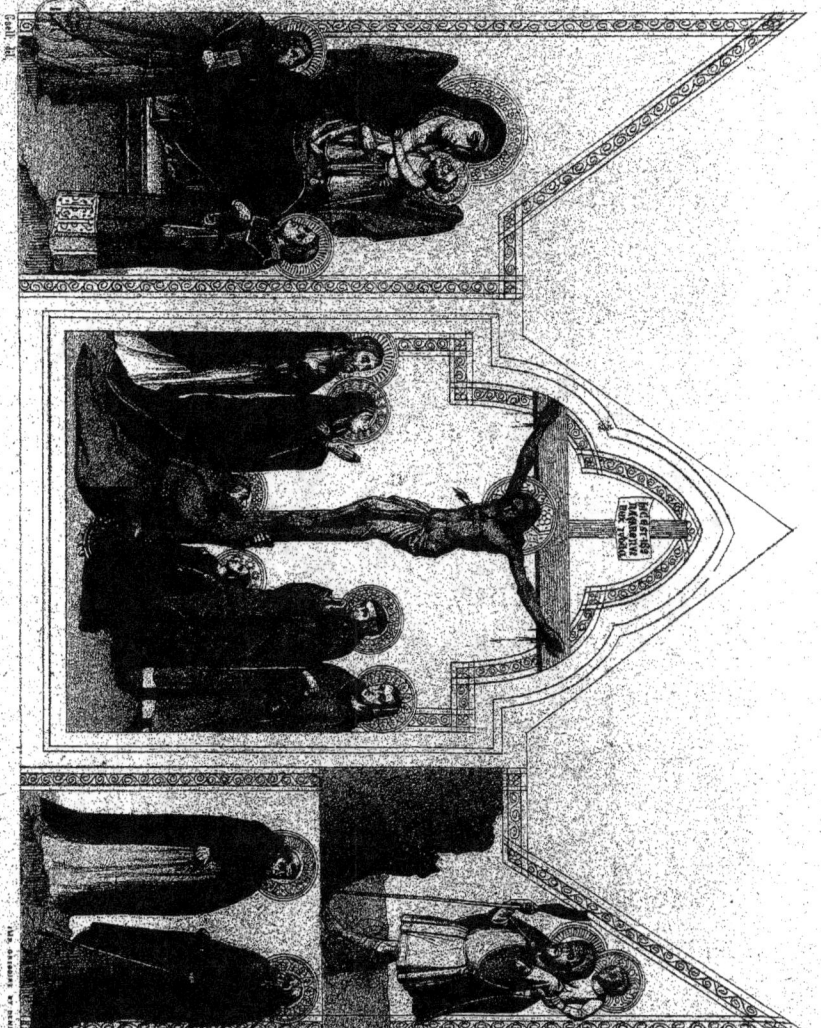

Peint par Cinabué.

Chalfamel édit. 4. R. de l'Abbaye. (1ᵉ S. G.) Paris.

Imp. Chardon et Charin.

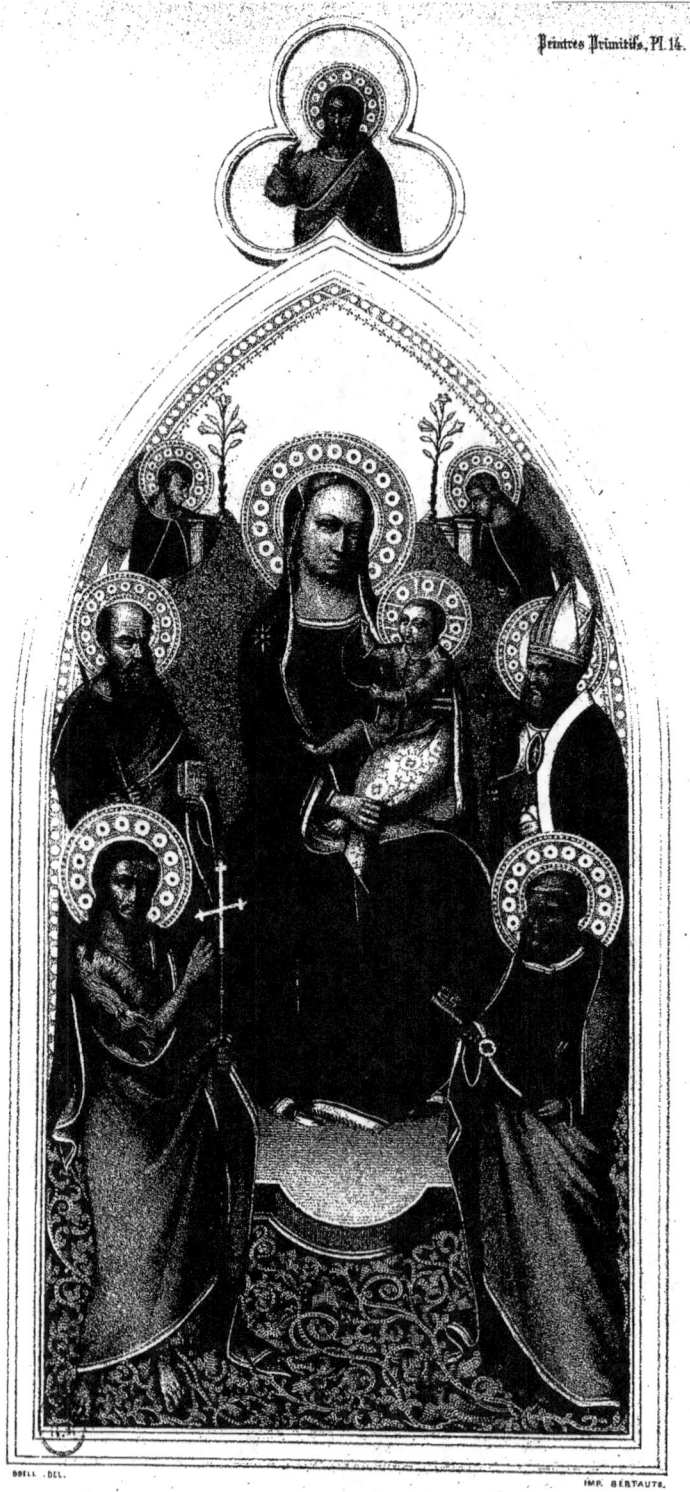

BOELL. DEL.   IMP. BERTAUTS.

Peint par Cimabué.

Challamel, Editeur 4 R. de l'Abbaye, (F^g S^t G^{ain})

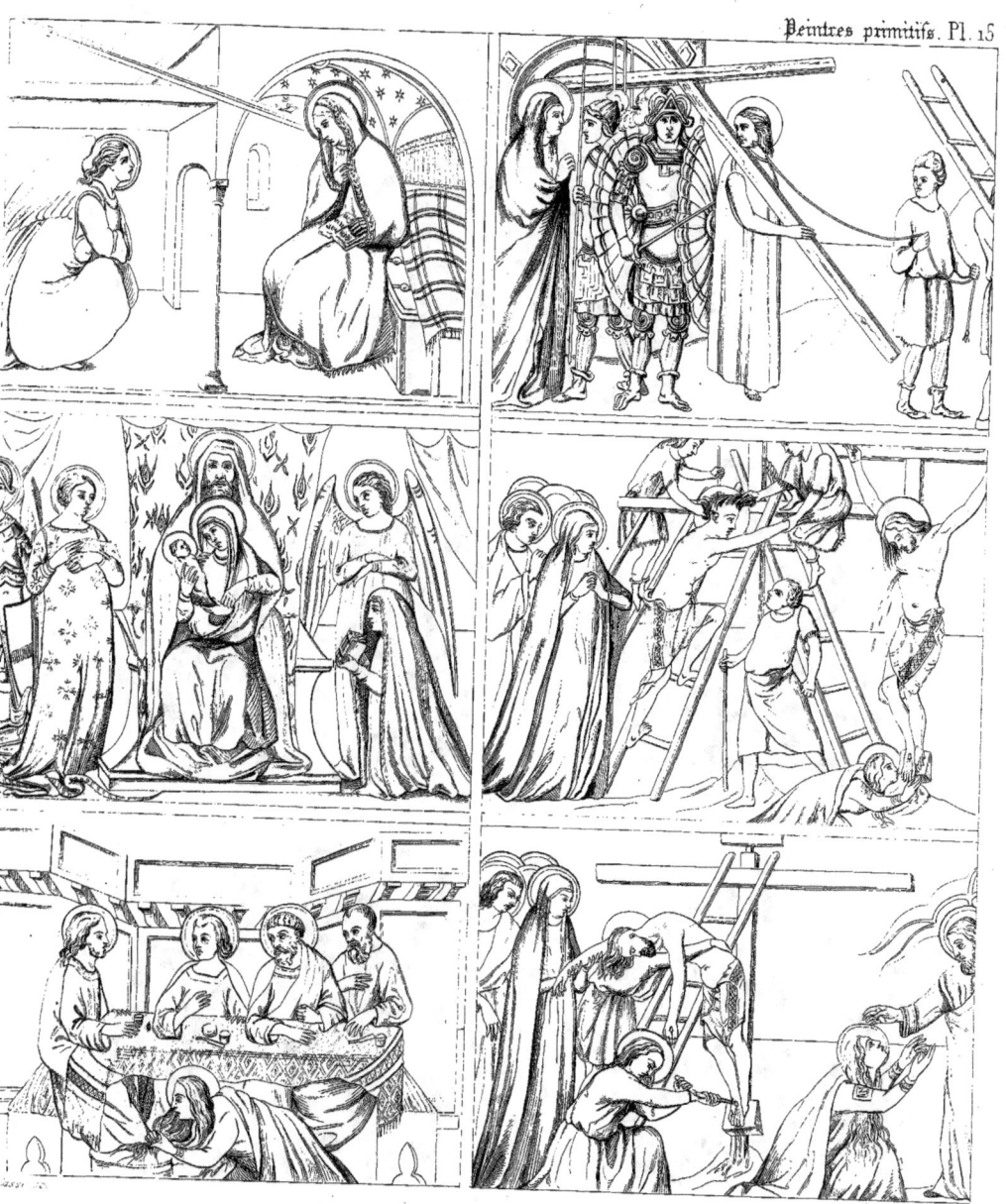

Peint par Cimabué

Impr. Chardon ainé.

Challamel, Editeur, 4 Rue de l'Abbaye F. S. G.

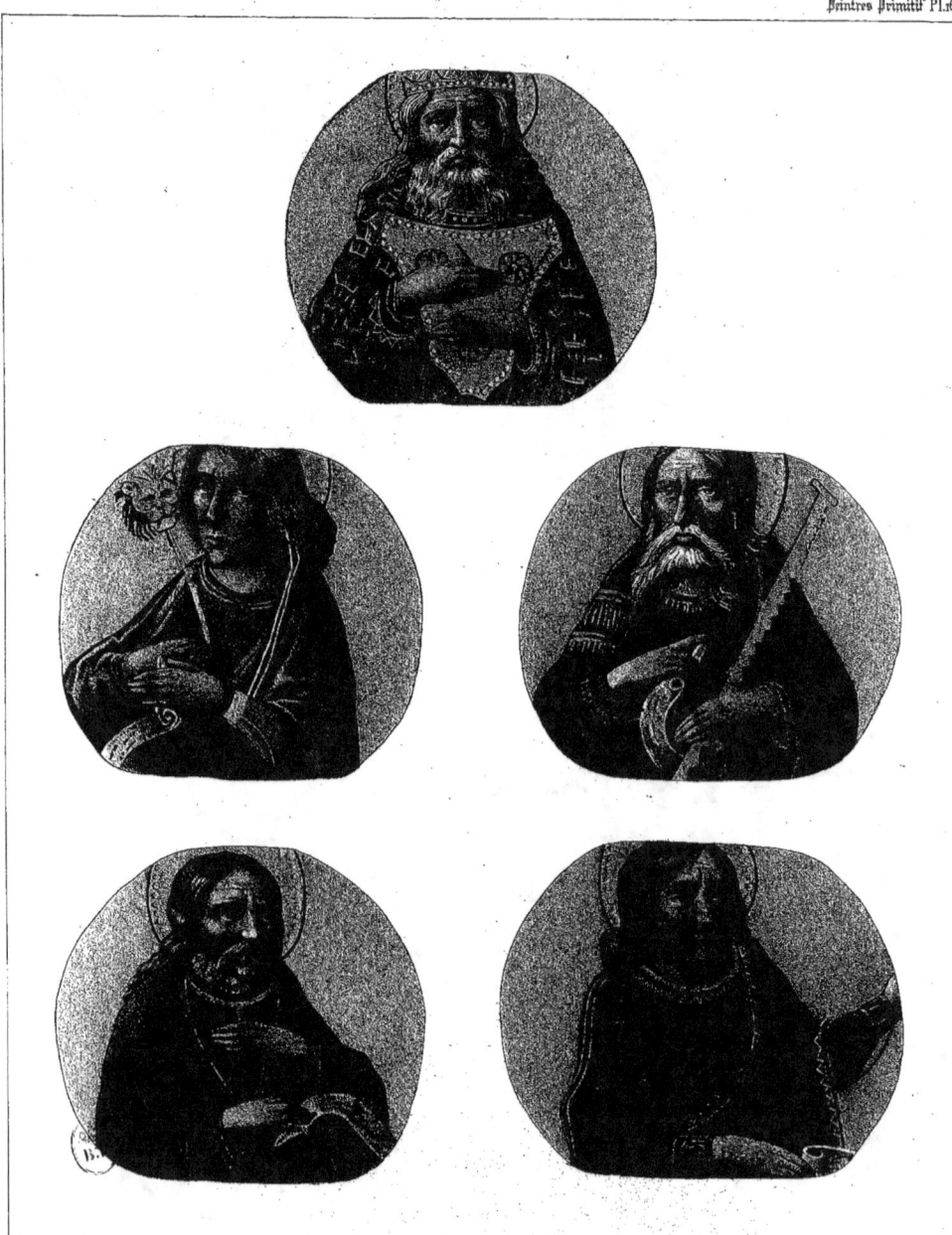

Peint par Cimabué.

Imp. Grégoire & Deneux.

Challamel édit, 4.R de l'Abbaye, (F.S.G.)

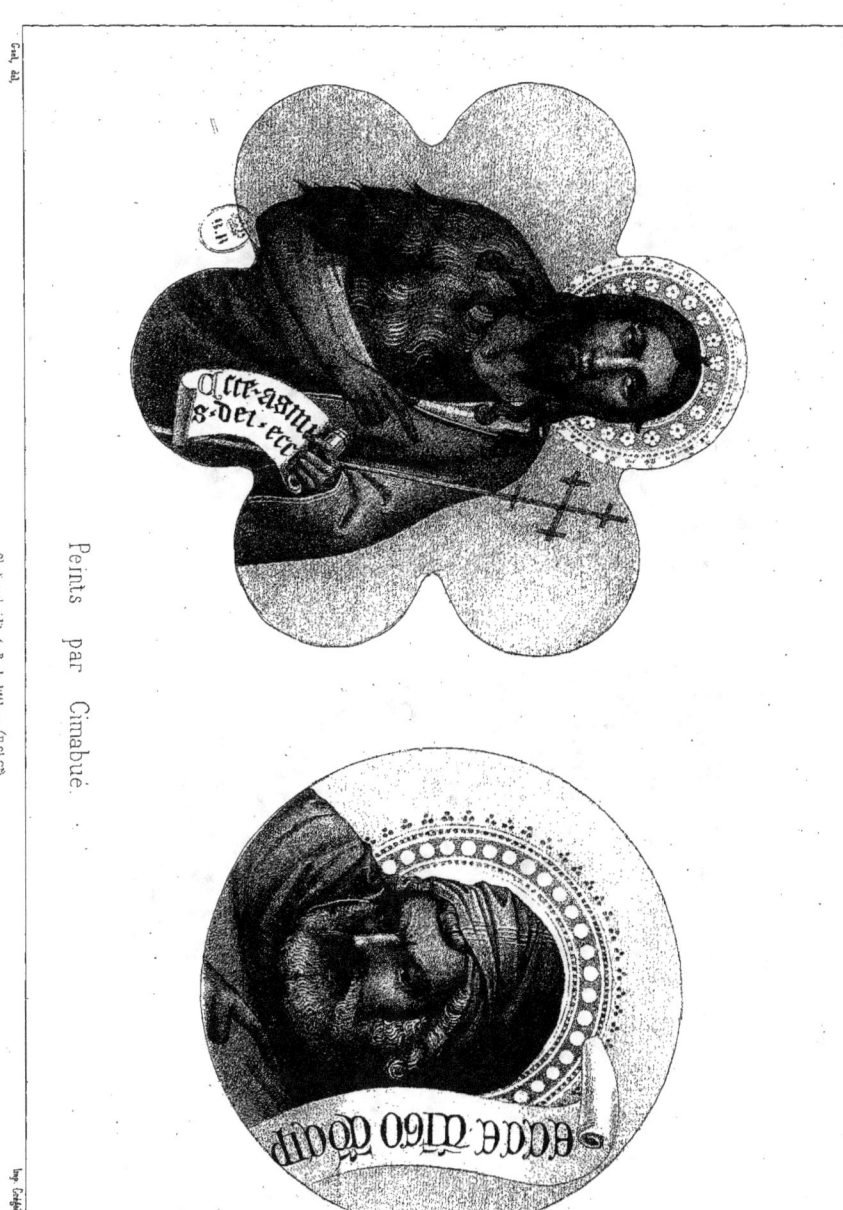

Goul, del.

Peints par Cimabué.

Chalcel édit 4. R. de l'Abbaye, (P S¹ G²)

Imp Cotéfiore & Deneux

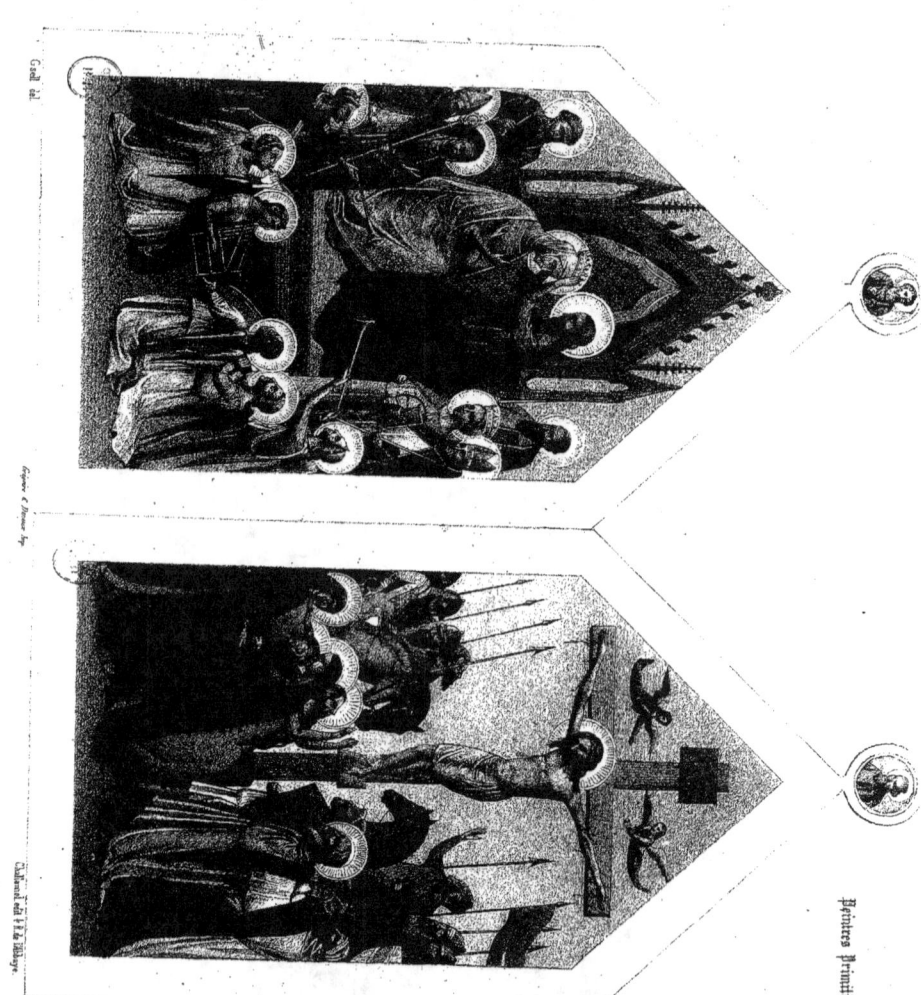

Peint par Cimabué.

Peintres Primitifs. Pl. 18.

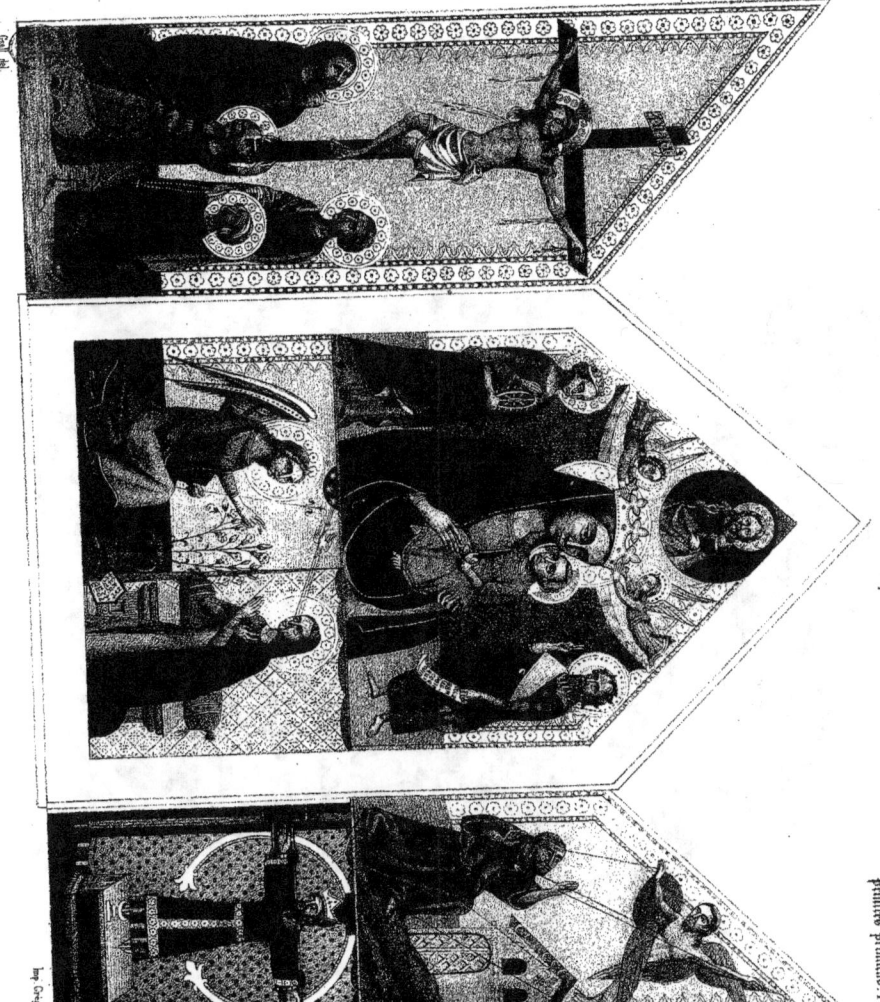

Peintres Primitifs. Pl. 19

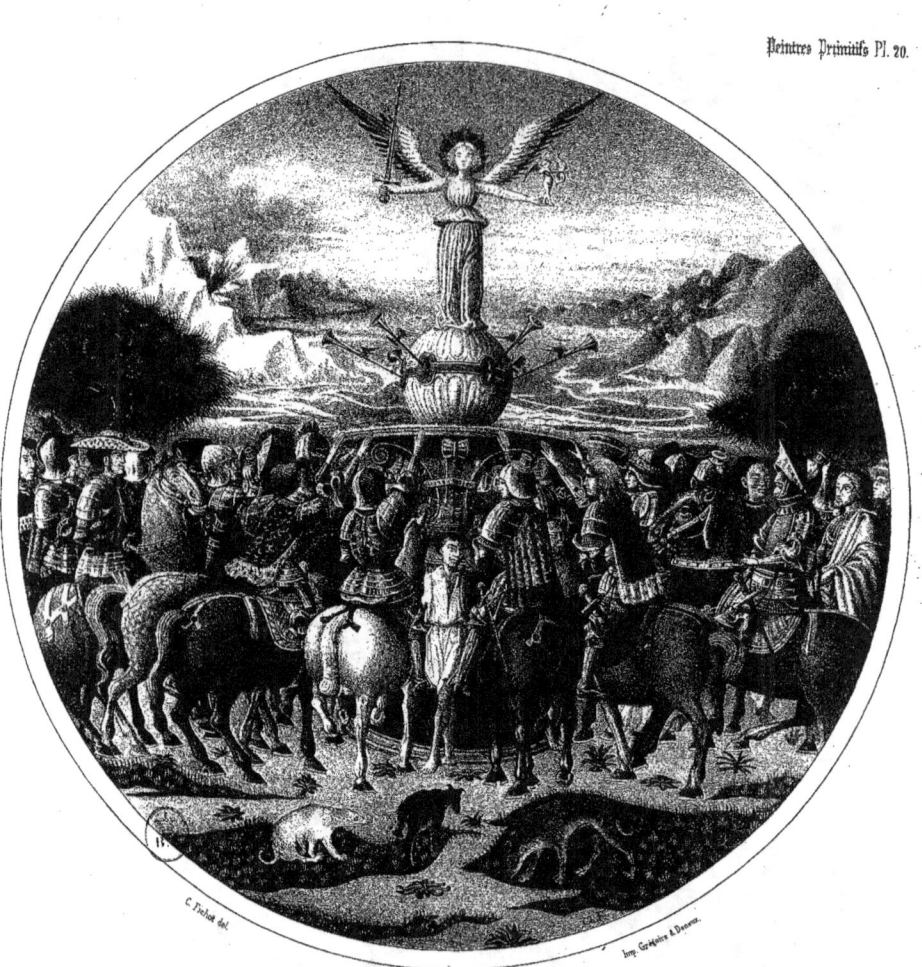

C. Fichot del.

Imp. Grégoire & Deneux.

Peint par Giotto

Chaillewel édit. 4. R. de l'Abbaye. (St. G.)

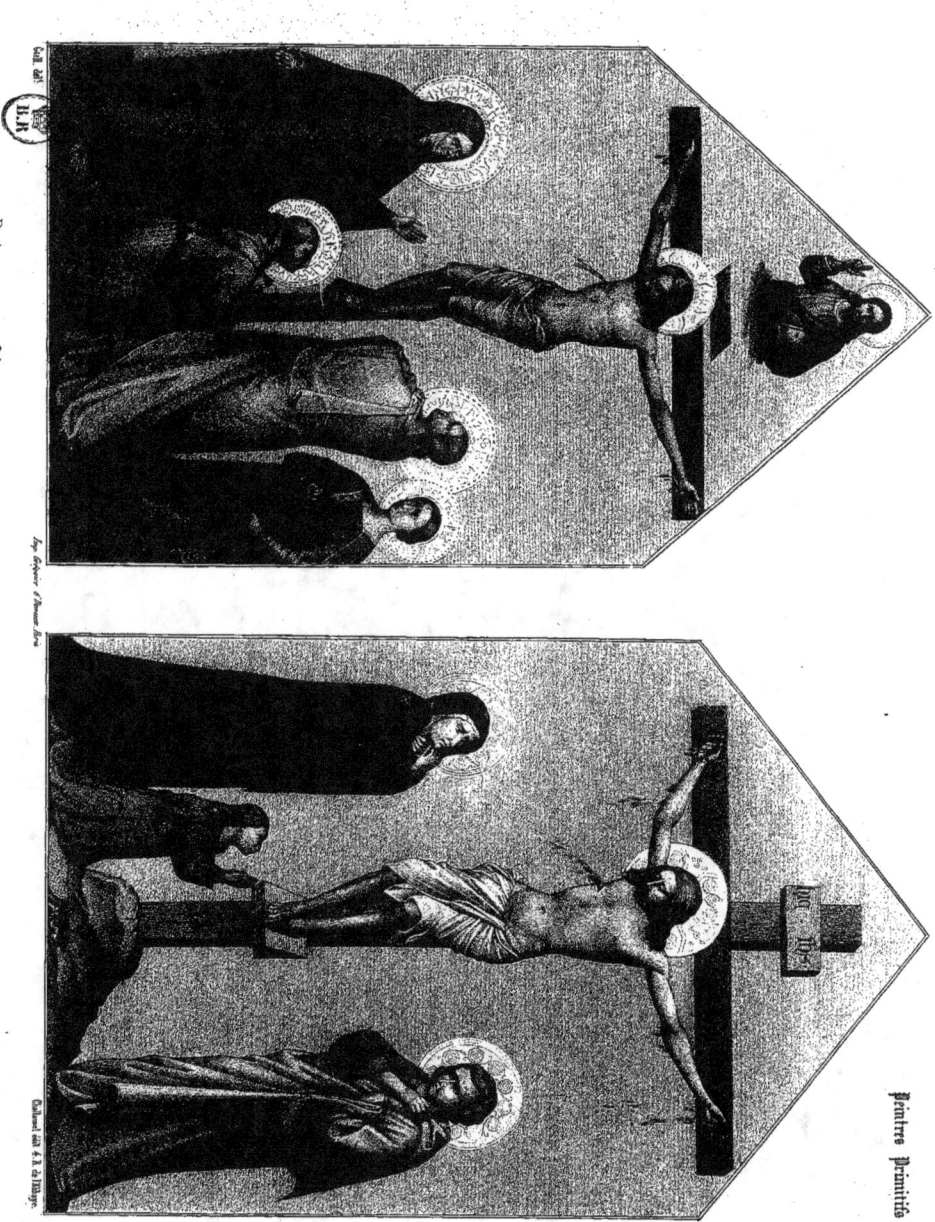

Peint par Giotto.

Peint par Simon Memmi.

Peintres Primitifs Pl. 91.

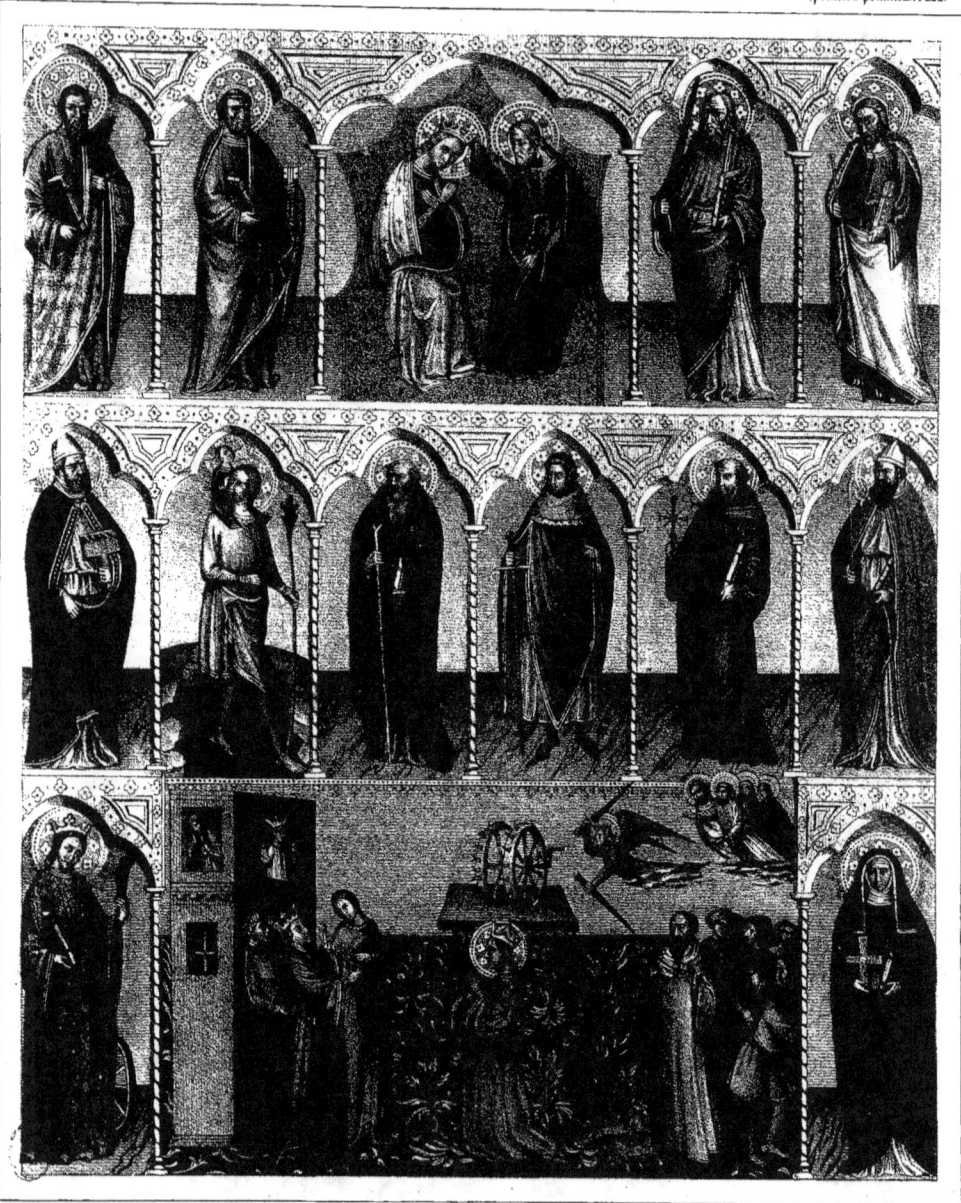

Coll. del.   Imp. Grégoire & Deneux. Paris   Challamel édit. 4 R. de l'Abbaye (S¹. G⁴)

Peint par Simon Memmi.

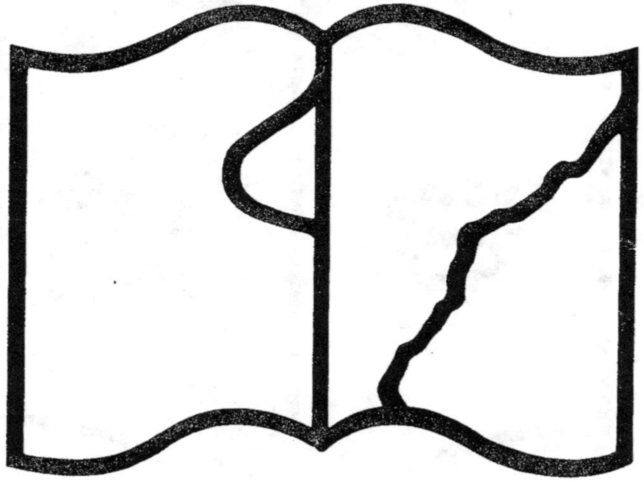

Texte détérioré — reliure défectueuse

NF Z 43-120-11

A

B

Contraste insuffisant

NF Z 43-120-14

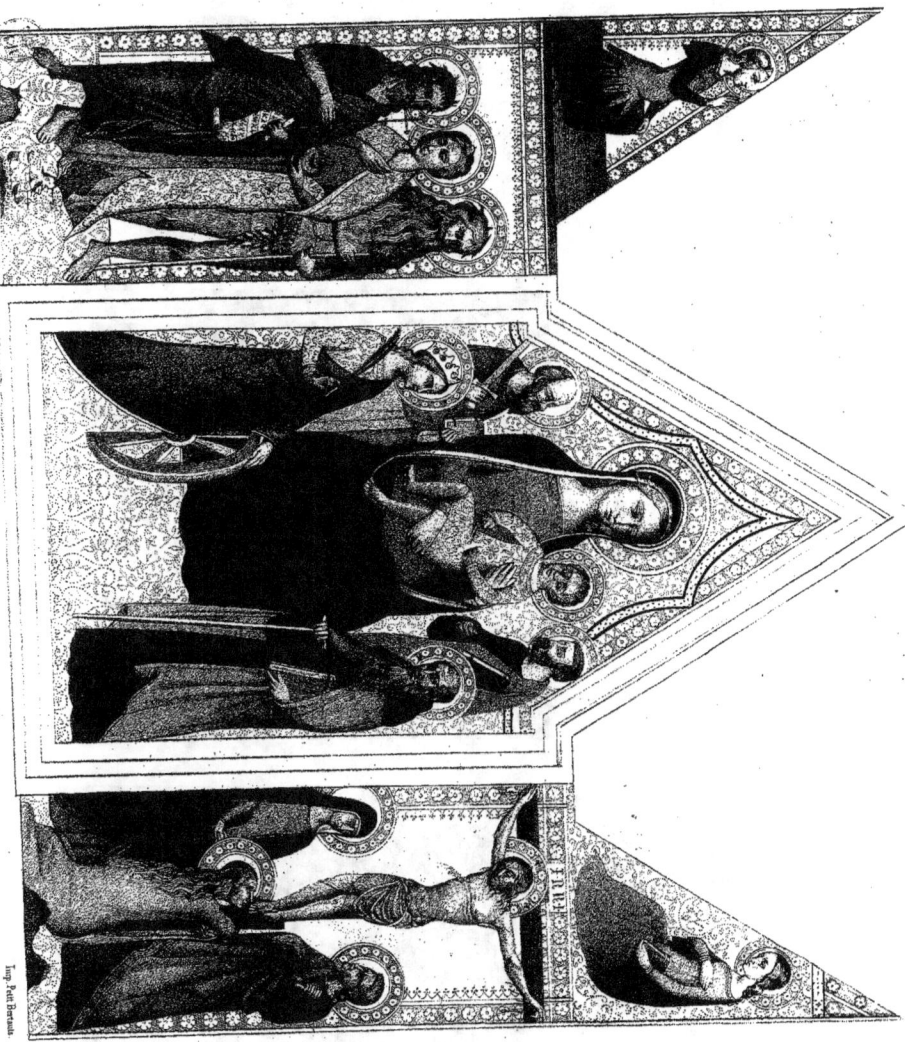

Peint par Buffalmacco

Par Buffalmacco.

Peint par Buffalmacco.

Par Cimabué.

Gozzi del.

Imp. Gegeon & Binon.

Chalcad cht. 4 R.de l'Abbaye.

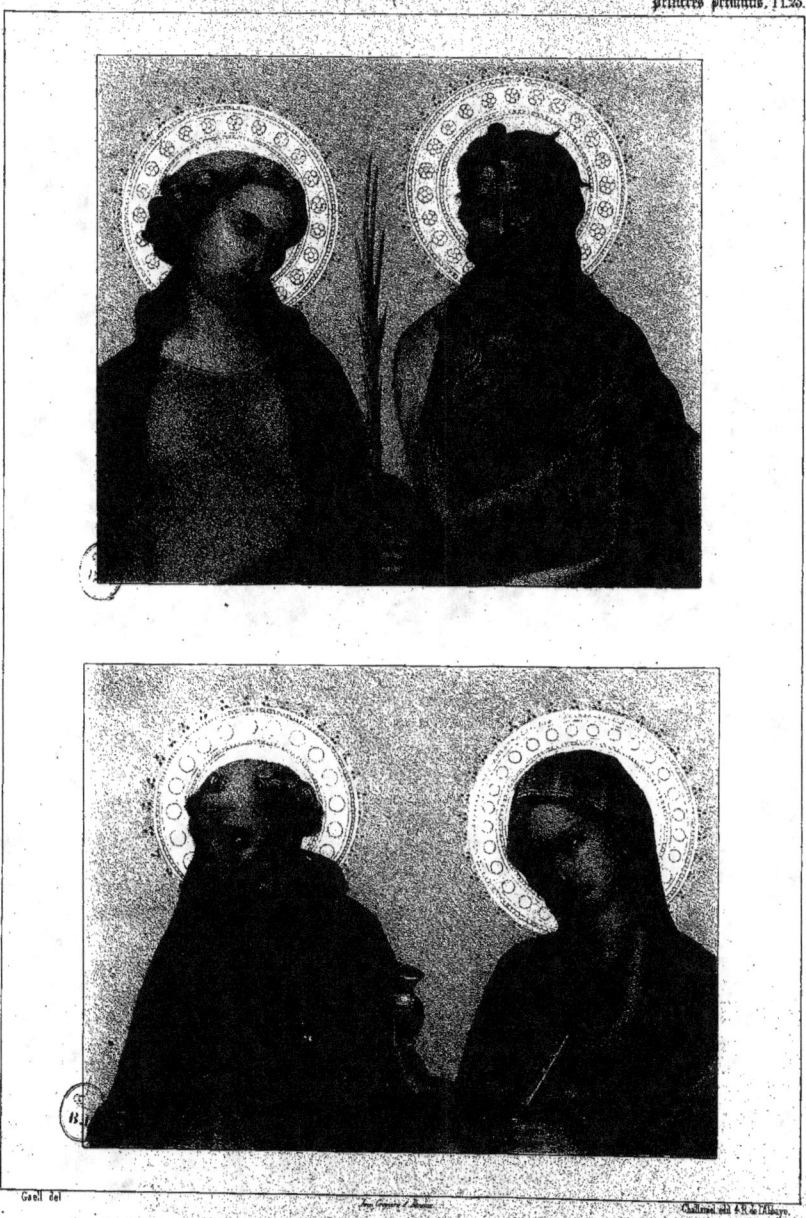

Peints par Buffalmacco

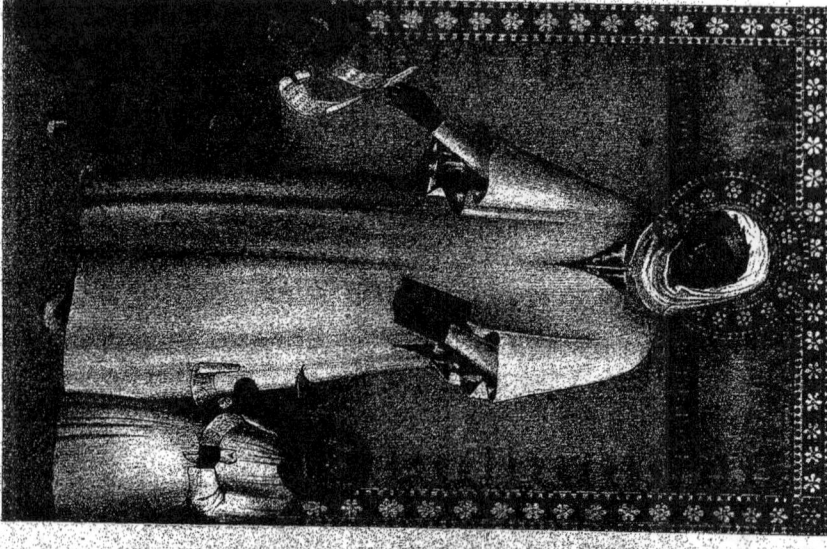

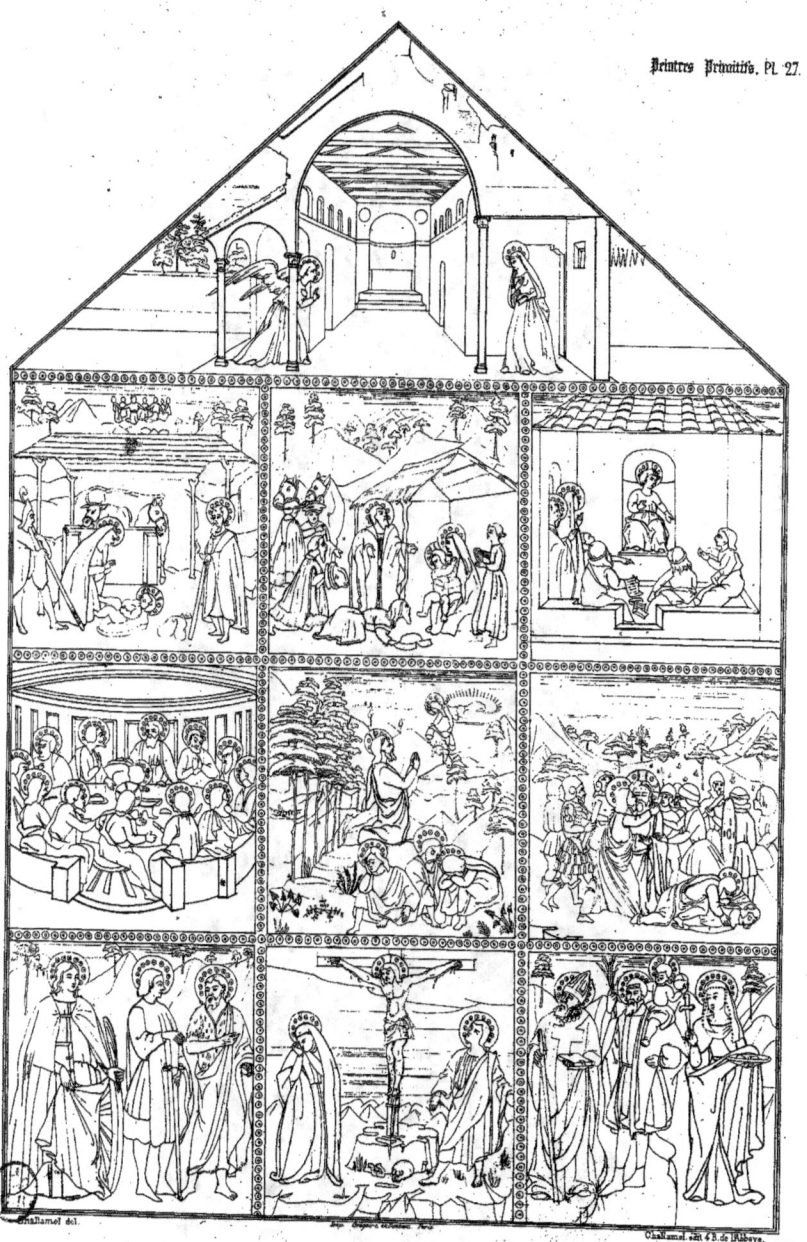

Challamel del.

Challamel scult à B. de l'Abbeye.

Peint par Pierre Laurati

Gadi del.

Imp. Grégoire & Deneux.

Peint par Taddeo Gaddi.

Challamel édit à la Librairie.

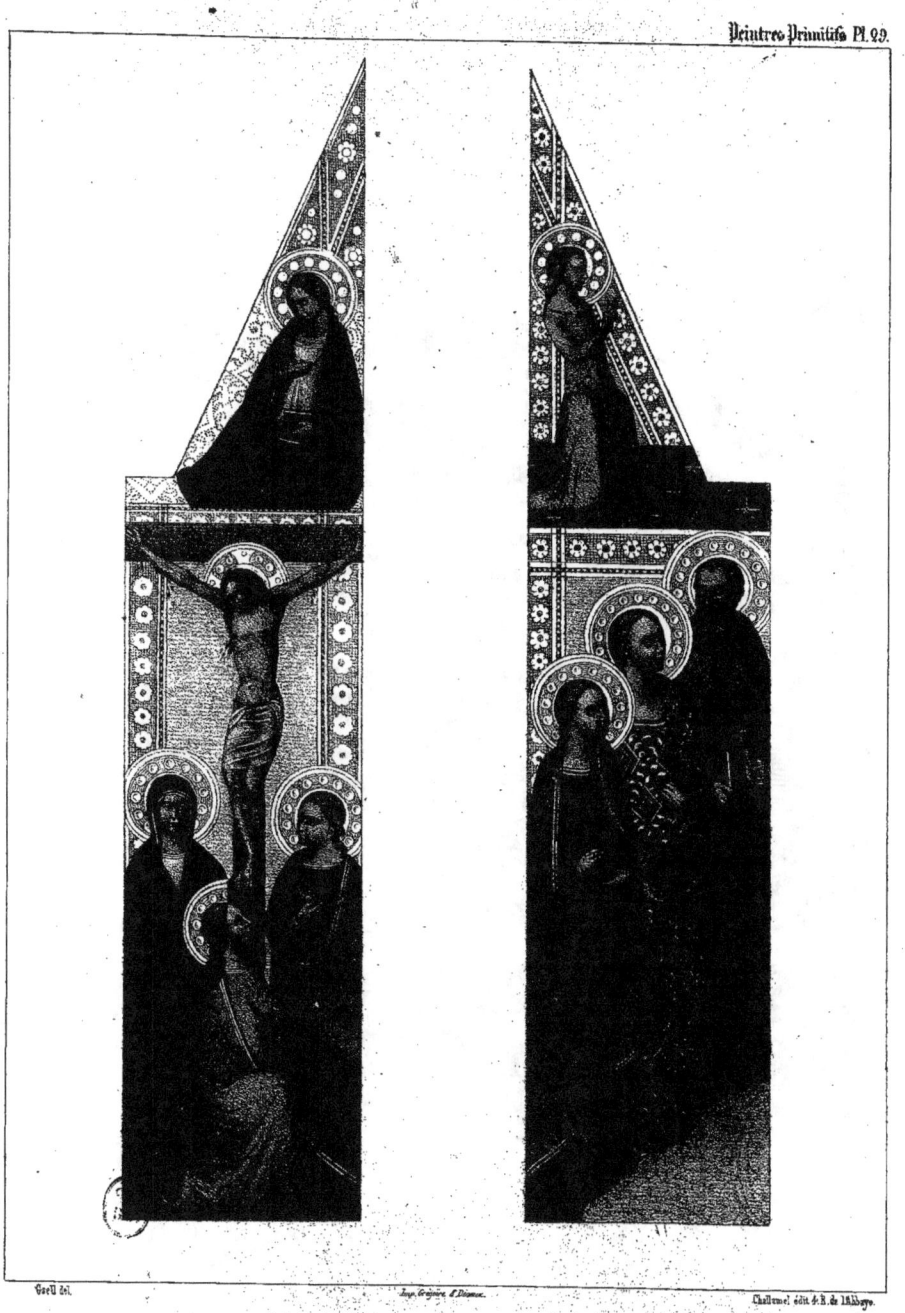

Goell del.

Imp. Grégoire, d'Digeaux.

Challamel édit de l'Abbaye.

Peint par Dom Lorenzo Camaldolese.

Peintres Primitifs. Pl.30.

Peint par Thomas di Stephano à il Giottino.

Mlle Williamany del.

Paris Challamel édit 5 R. de l'Abbaye.

Imp. Cadganet à Bineau.

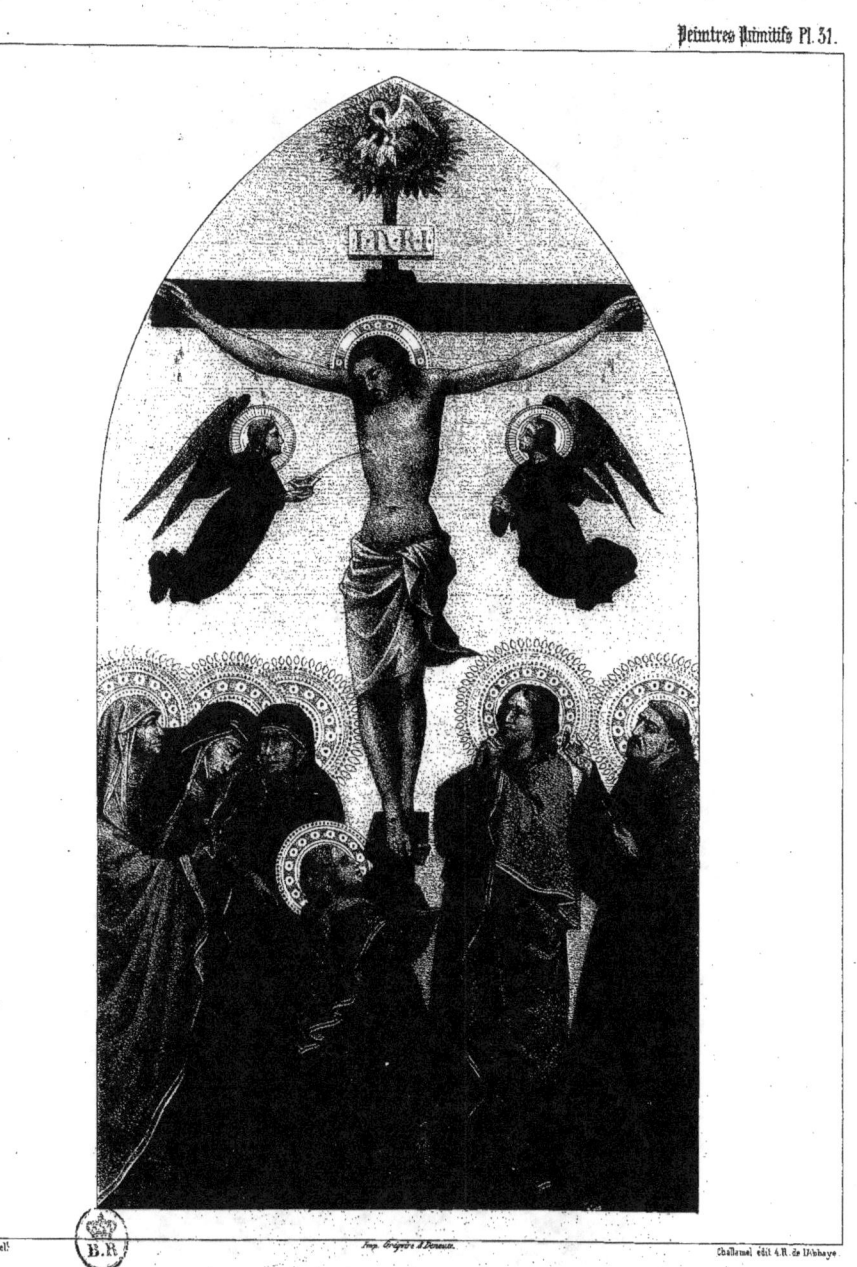

INRI

Peint par Thomas dit Stephano dit il Giottino.

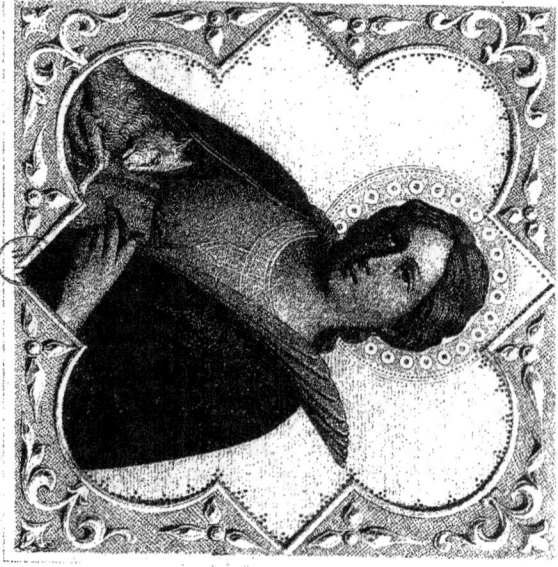

Peints par Thomas di Stefano dit il Giotino.

Giod. del.

Imp. Salarci

Guillemod, lith. 4 R. de l'Abbaye.

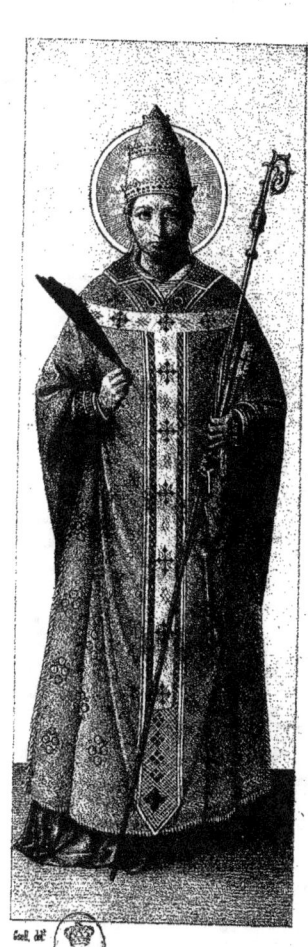

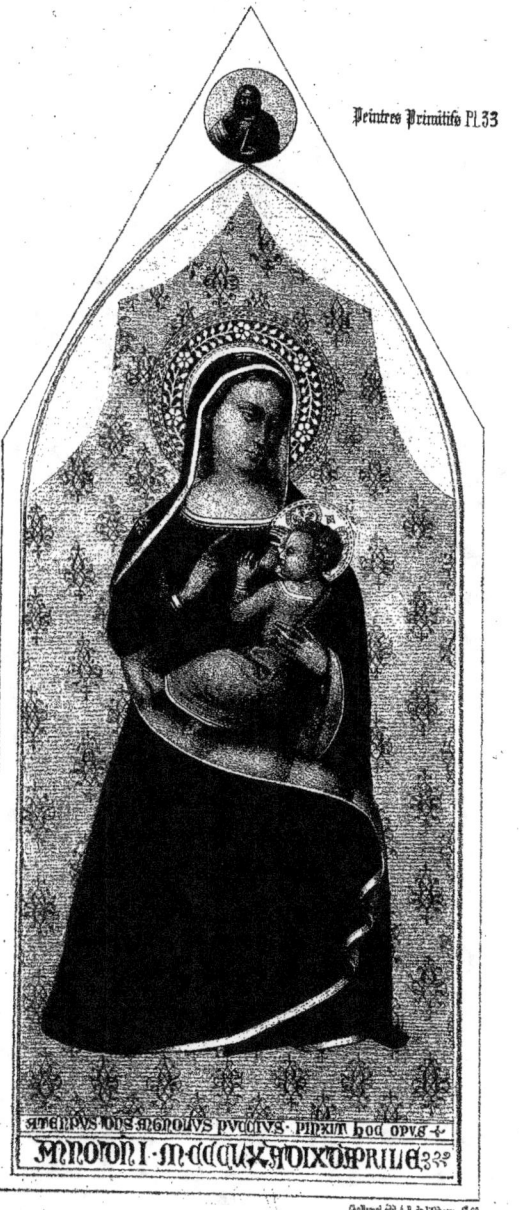

Peint par Thomas di Stefano dit il Giottino.

Peint par Ange Pucci.

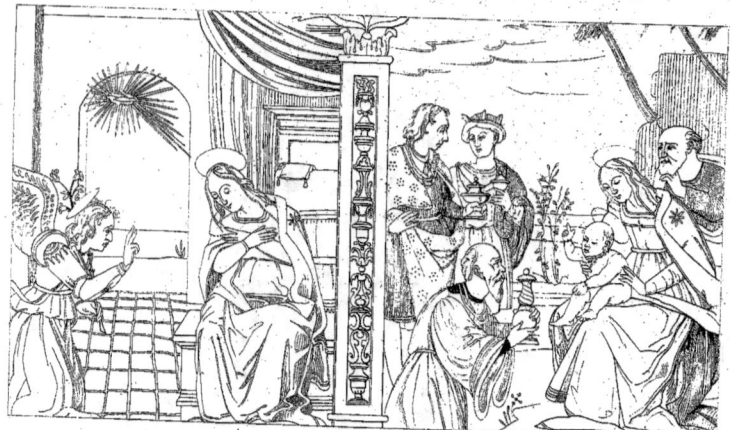

Par Spinello Aretino.

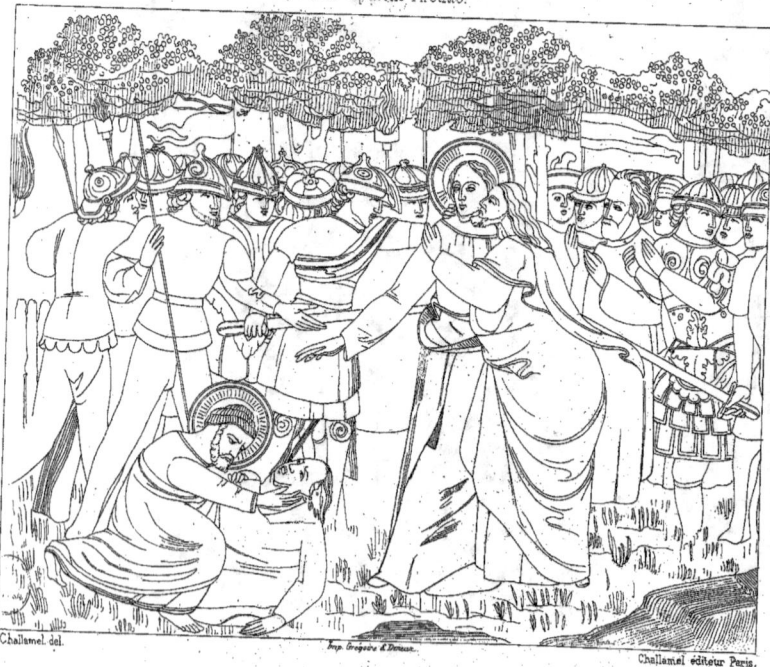

Challamel del.

Imp. Grégoire & Deneux.

Challamel éditeur Paris.

Par Pierre Laurati.

Geof. del.

Imp. Aubert.

Challtanal, edit. E.B. de l'Abbaye.

Peint par Thomas di Stefano dit il Giottino.

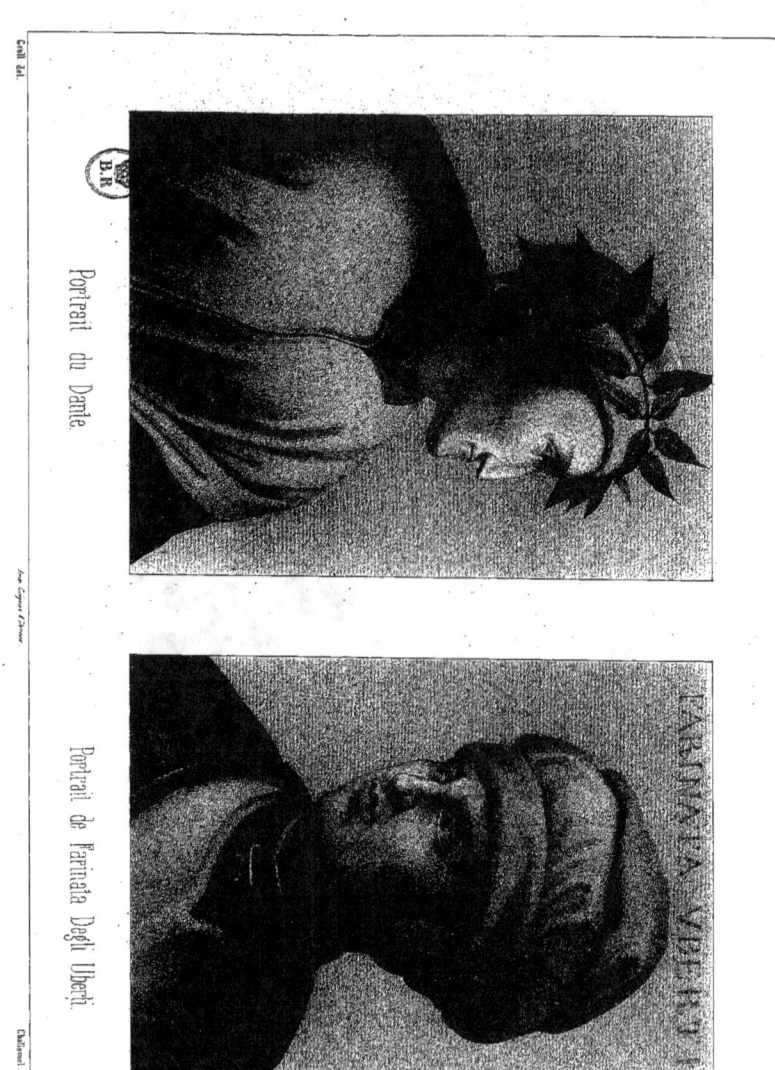

FARINATA VBERTIT

Portrait du Dante

Portrait de Farinata Degli Uberti.

Peint par André Orcagna

Imp Cropin Srurus

Chalcmel. edit 6 B. de l'Abbaye.

Peint par André Orcagña.

Peintre primitir Pl 37

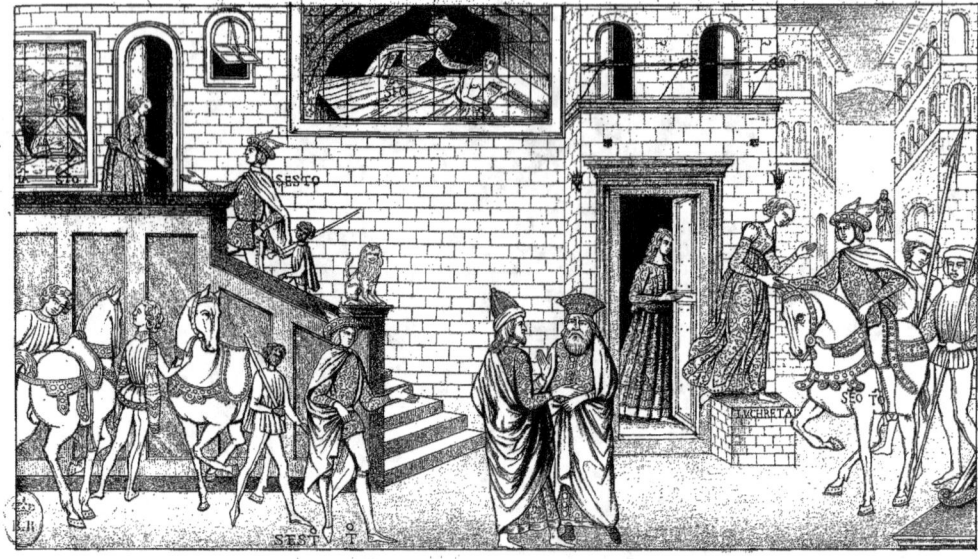

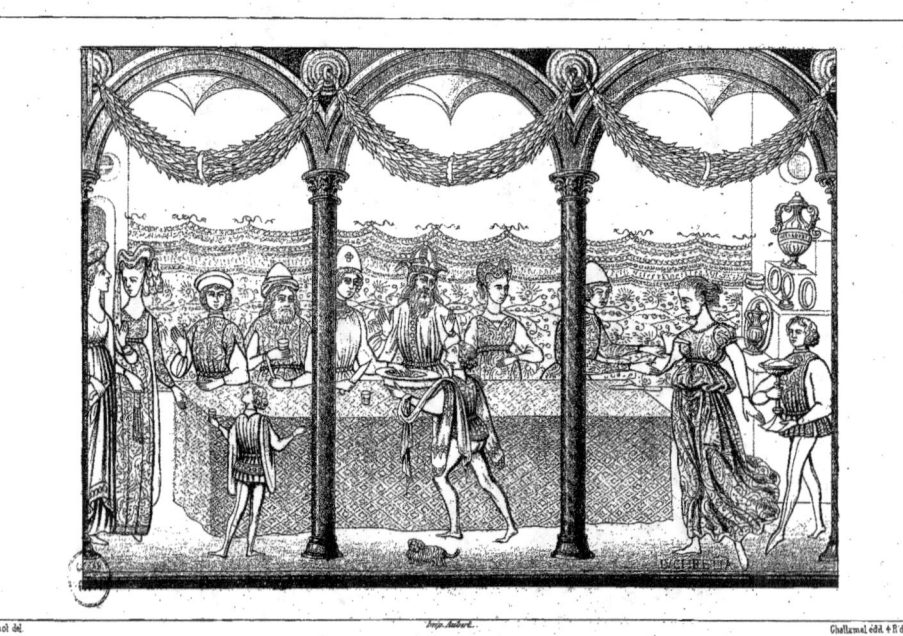

Pichot del.   Imp. Aubert.   Challamel, édit. 4 R de l'Abbaye.

Peints par André Orcagna.

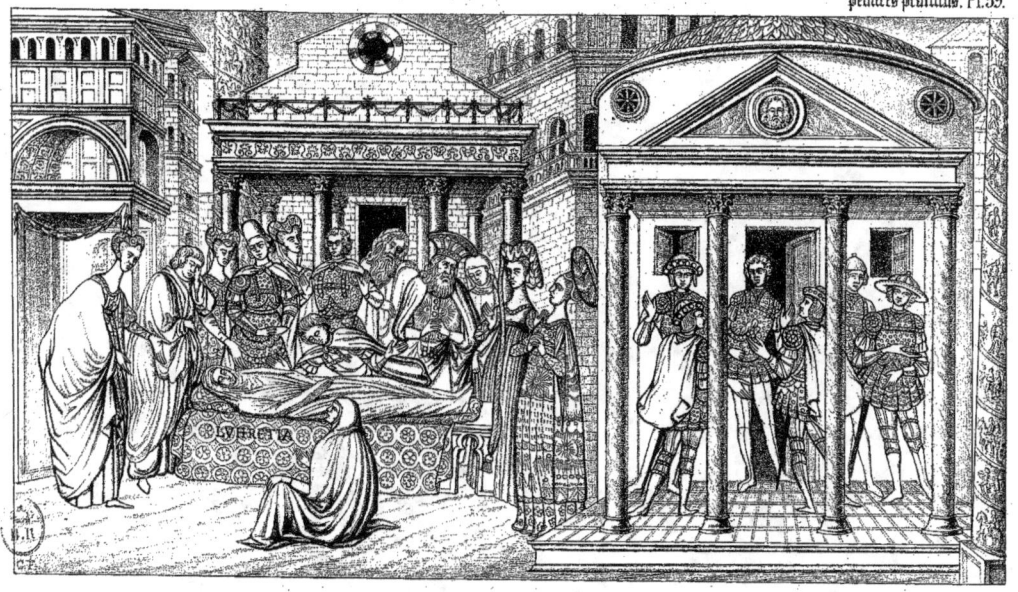

Par André Orcagna.

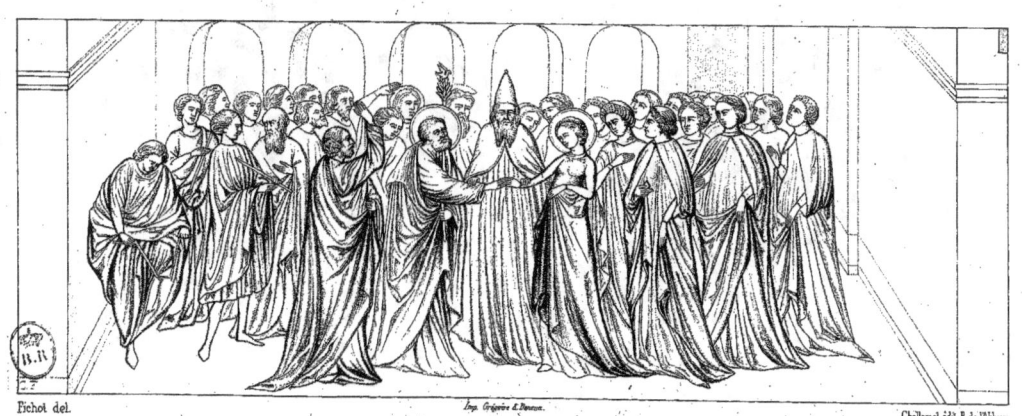

Pichot del. Imp. Grégoire & Deneux. Chailamel édit. R. de l'Abbaye.

Par Starnina.

Peint par Starnina

Peint par Dello.

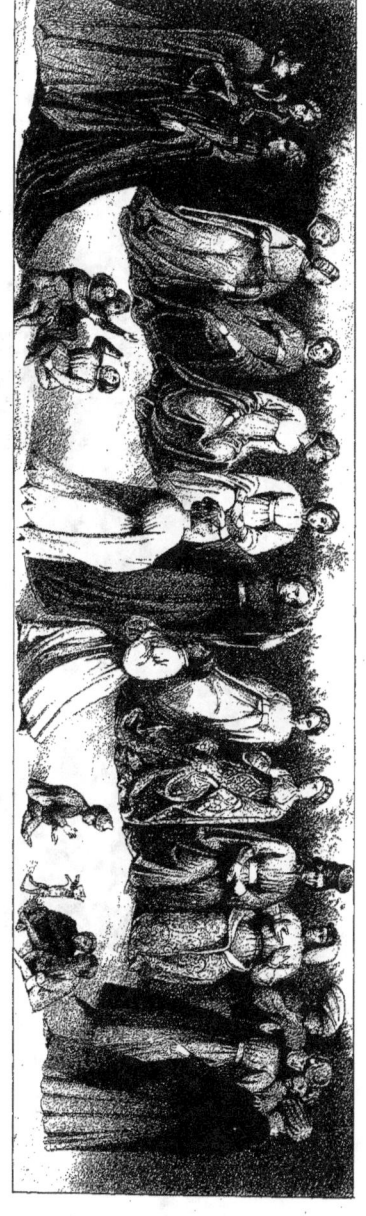

Peints par Dello.

Dad. del.

Imp. chalcor.

Chalamel edit R de Bithbrge.

Got. del.

Imp. Adart

Chalbmel edit R. de Vilnage.

Peint par Masaccio.

Par Thomas di Stefano dit il Giottino.

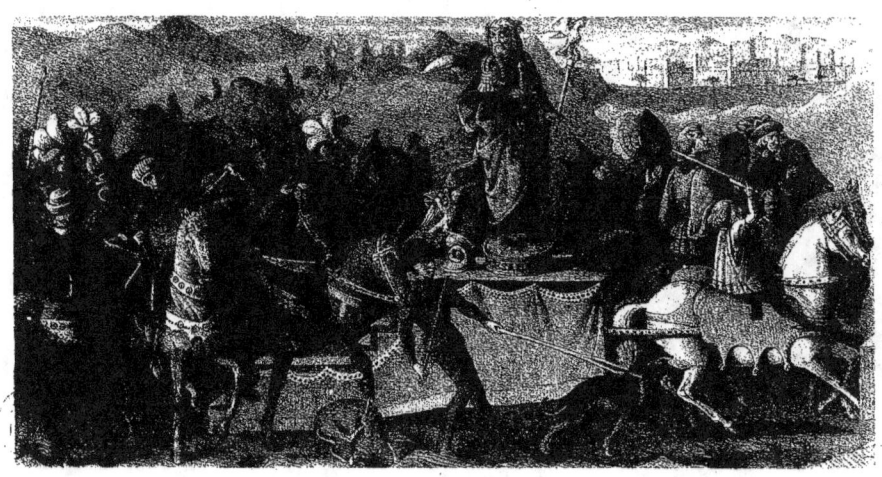

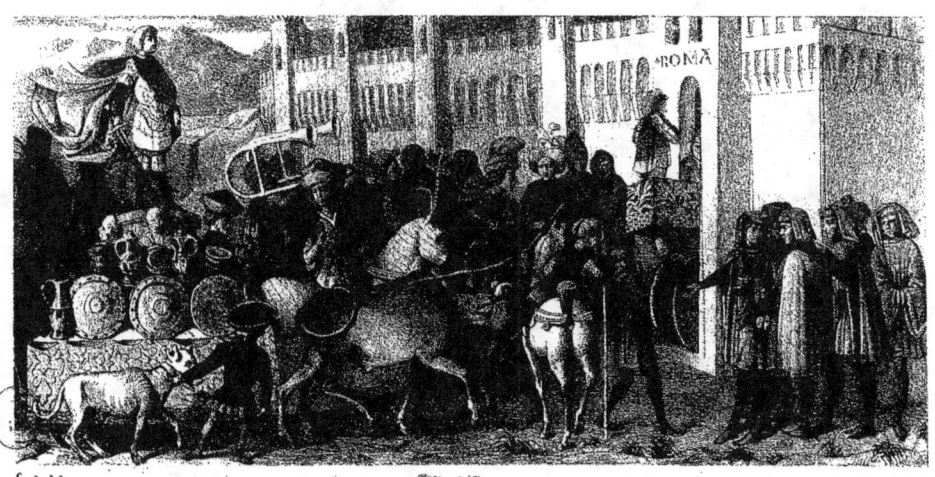

Gsel del.   Challamel éditeur.   Imp. Aubert.

Peint par Dello.

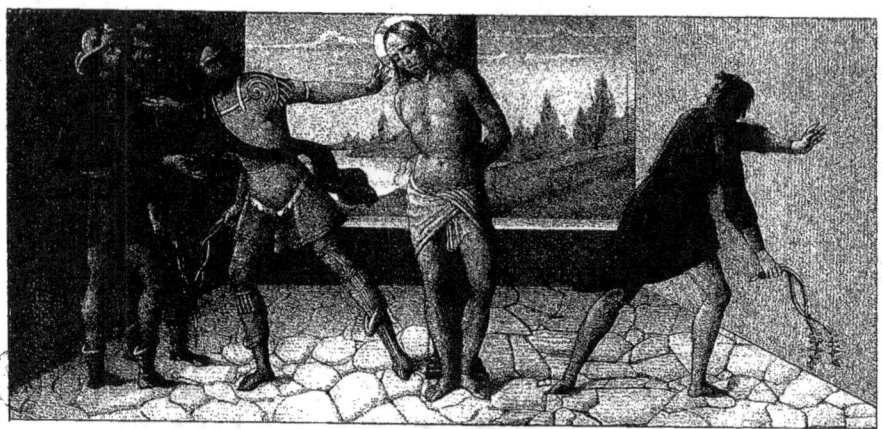

Peint par Dello.

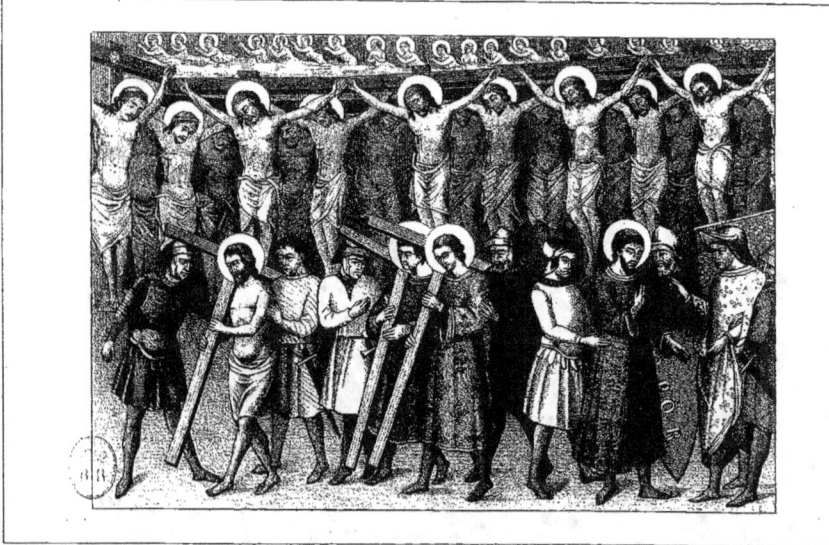

Gael. del.   Imp. Grégoire & Boxeax.   Challamel éditeur.

Peint par Uccello.

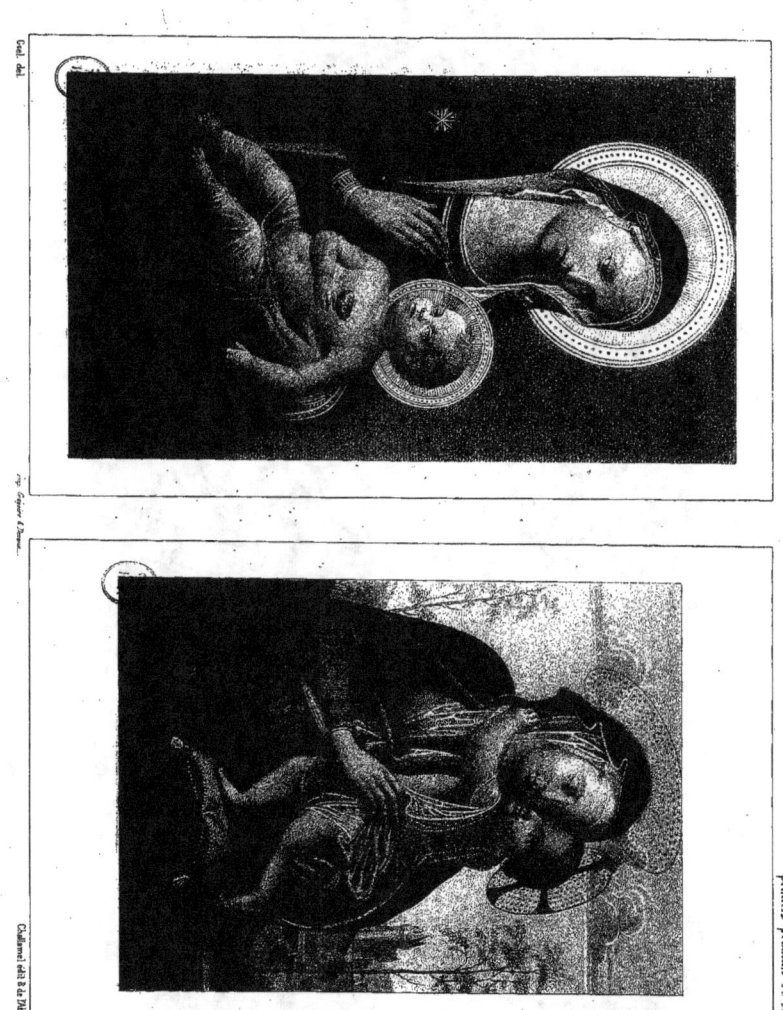

Par Masolino da Panicale.

Peintres Primitifs Pl 45.

Coll. del.

imp Gaspard et Doosen.

Challamel edit à la Pléïage.

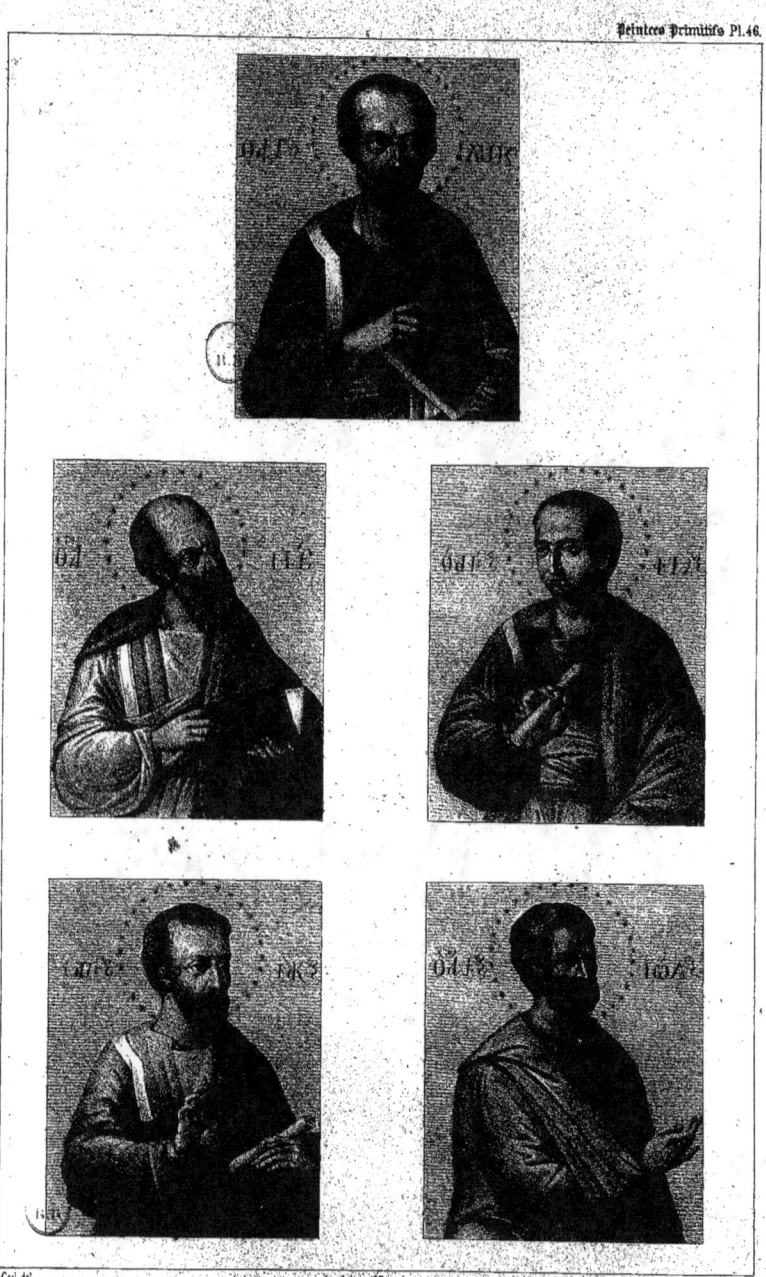

Peints par un Auteur grec inconnu

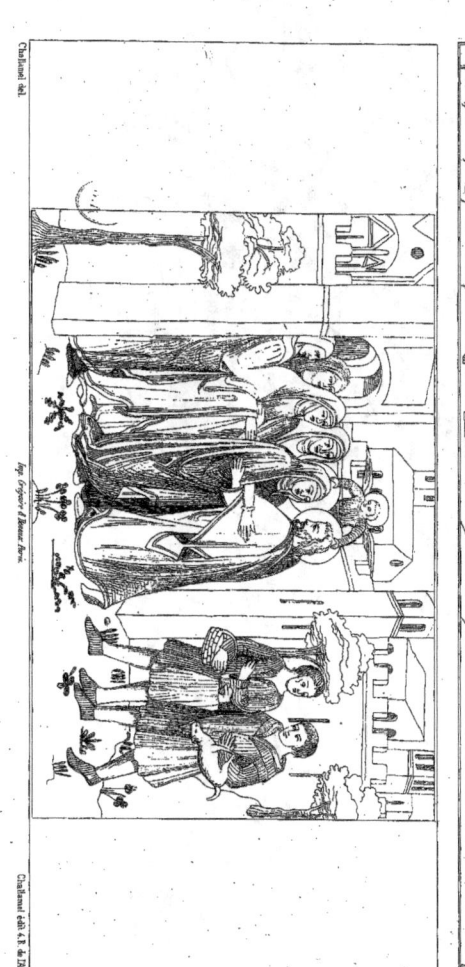

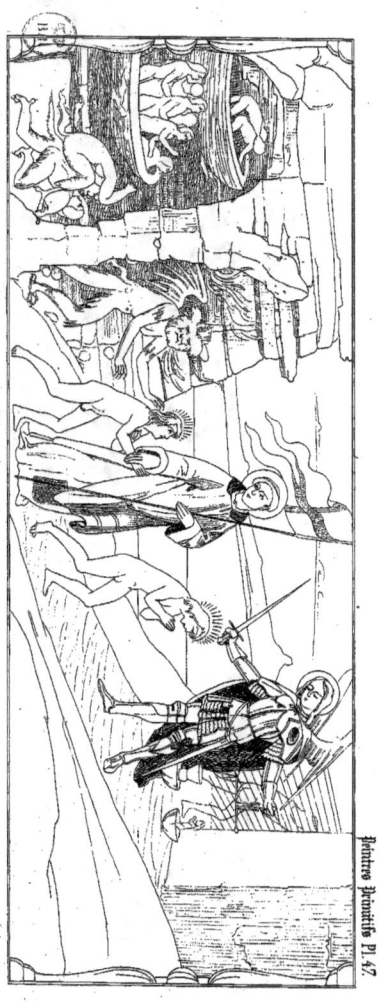

Peints par Paul Uccello.

Chataux del.

Imp Lemercier & Benard Paris.

Chataux édit A.R. de Dlllaye.

Peinture primitive Pl 47.

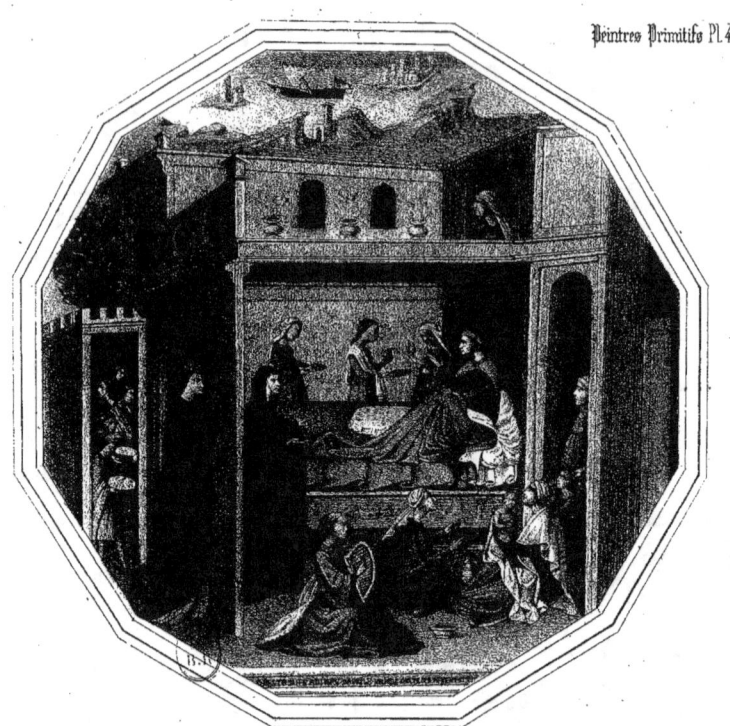

Peint par Paul Uccello.

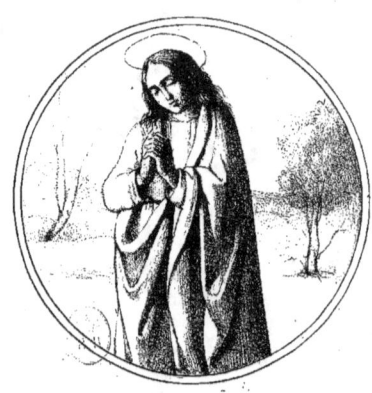

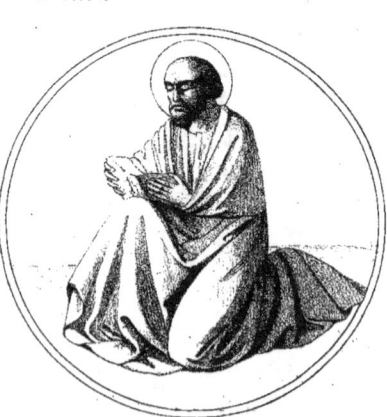

Coel. del.

Imp. Aubert.

Challamel édit. Paris.

Par André del Castagno.

Par Alexis Baldovinetti

Par Masaccio.

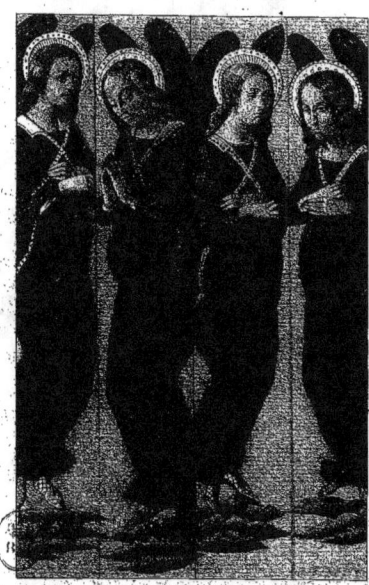

Ceell. del.　　　　Imp. Grégoire & Deneux.　　　　Challamel édit B de l'Abbaye.

Par Fra-Angelico.

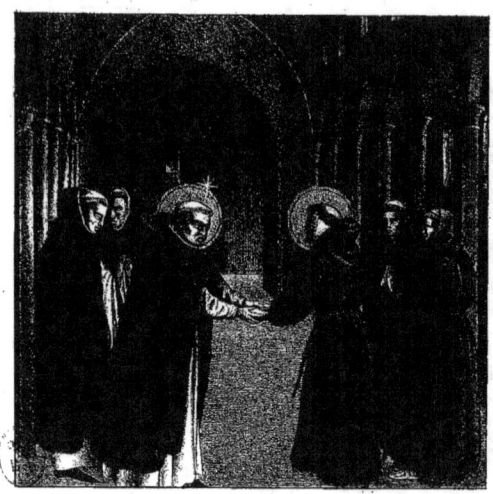

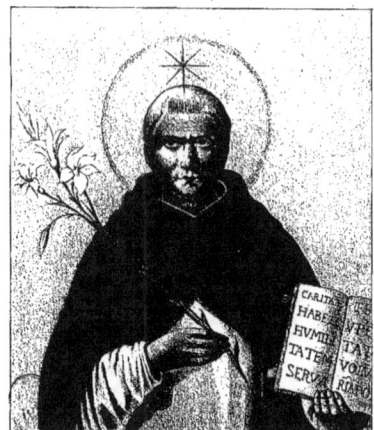

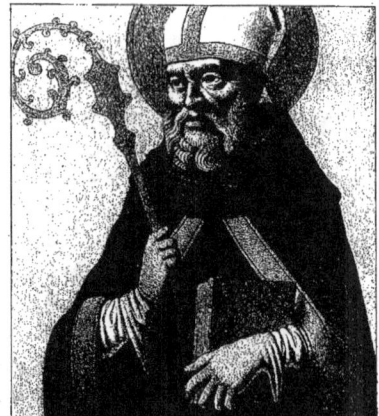

Goel del.

Chassomel sdit N. de Village.

Imp. Aubert.

Par Alexis Baldovinetti

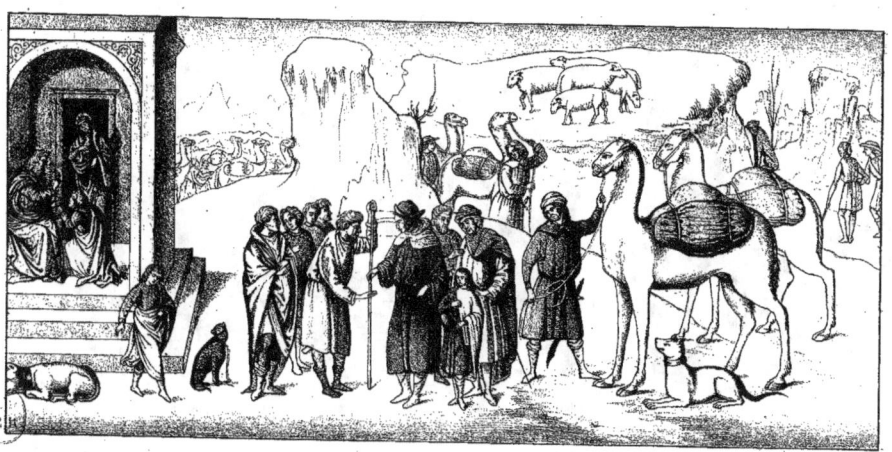

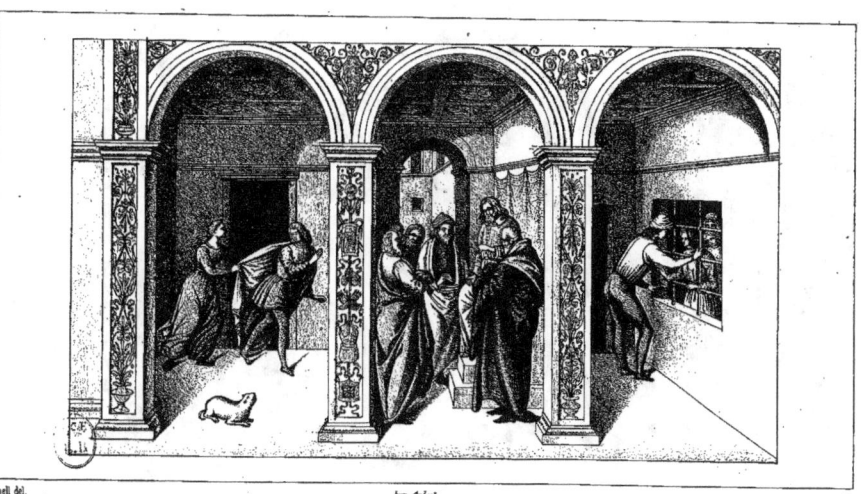

Peint par Pesellino Peselli.

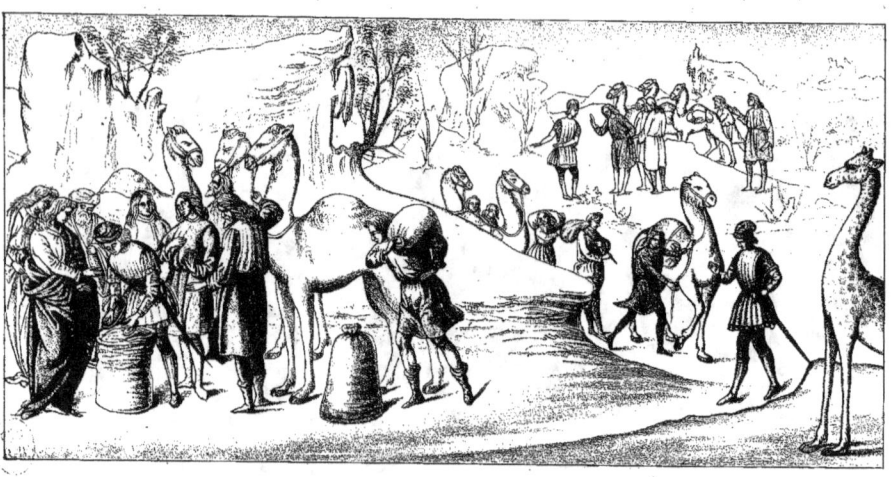

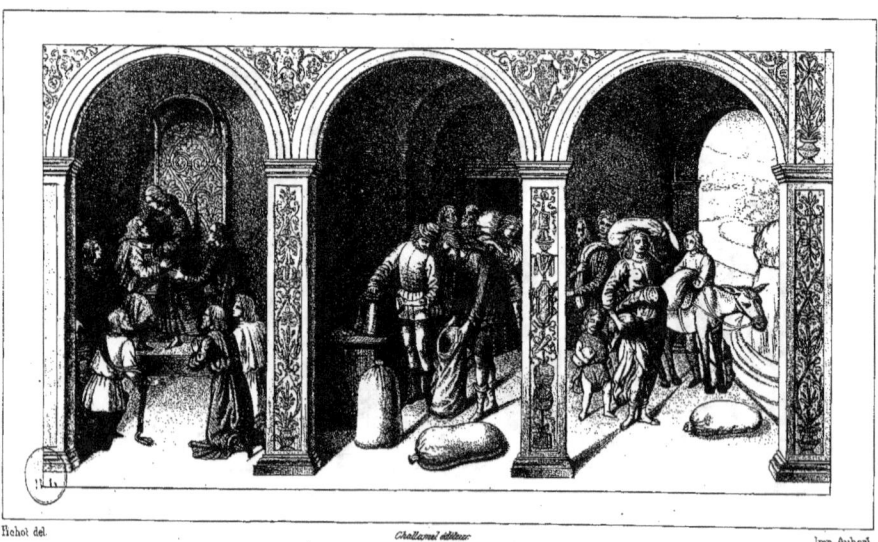

Fichot del.   Challamel éditeur   Imp. Aubert.

Par Pesellino Peselli

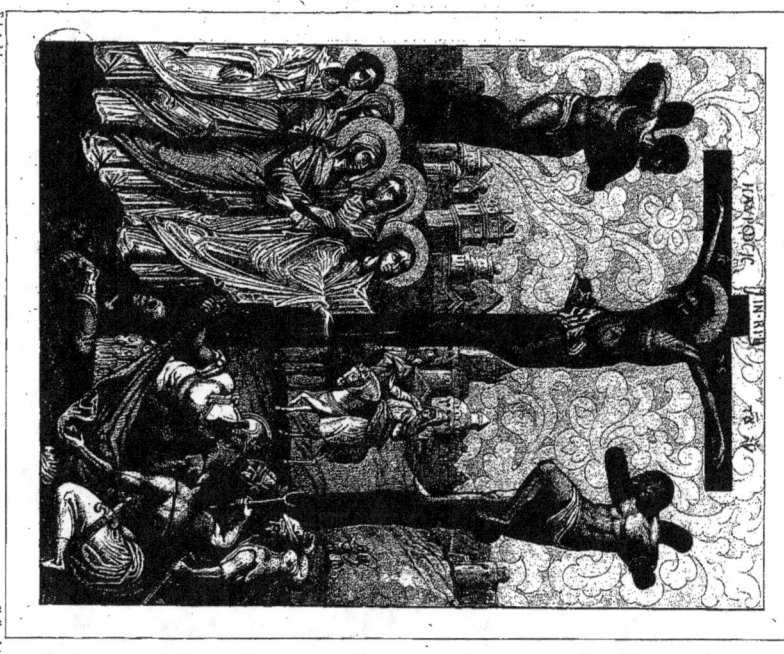

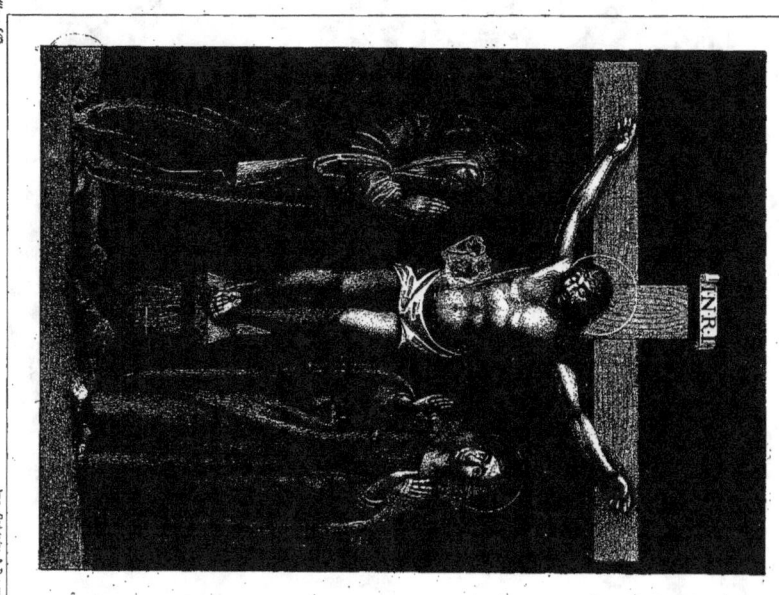

Robert del.

Chalcoar aux Galleries S^{le}

Imp. Grégoire & Deneux

Peints par Sandro Botticelli.

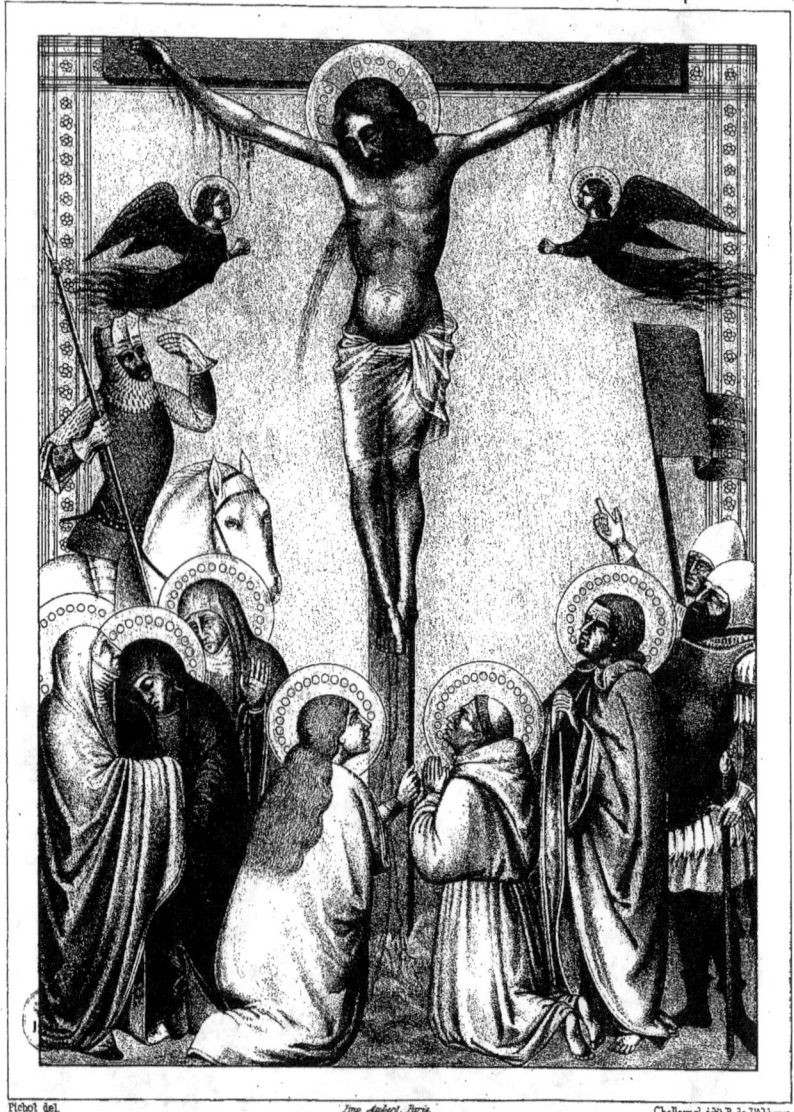

Pichot del.   Imp Aubert. Paris.   Challamel édit R de l'Abbaye.

Peint par Sandro Botticelli.

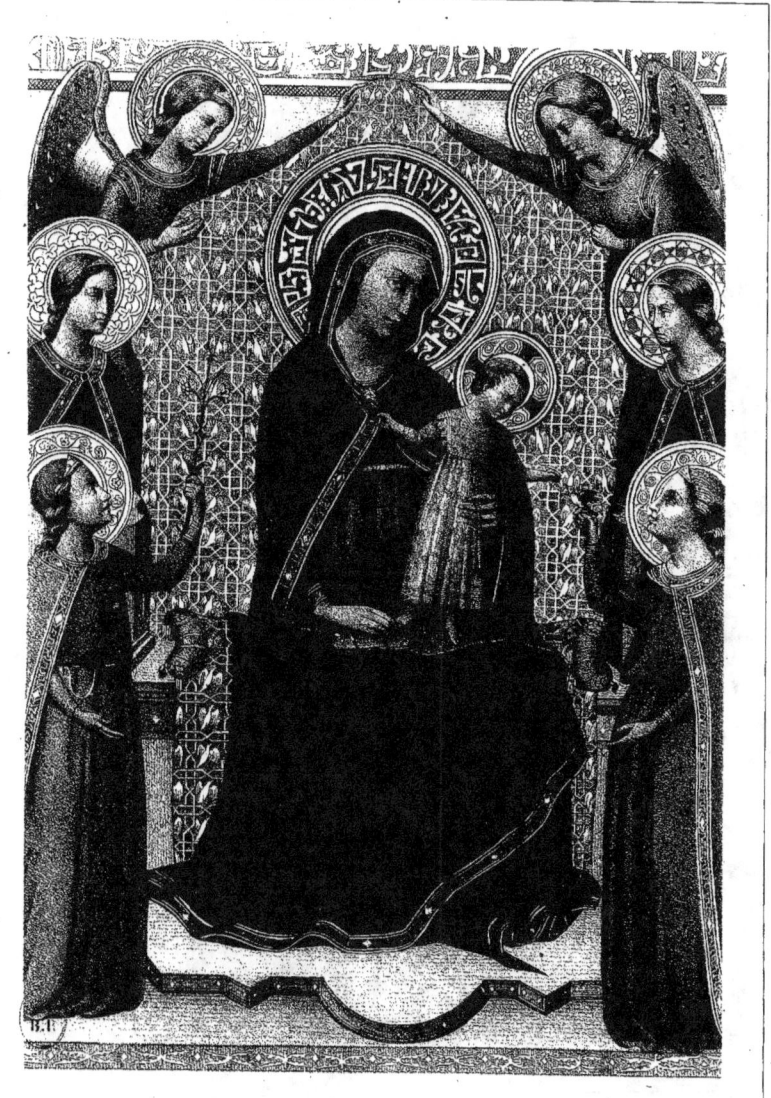

Gsell. del.   Imp. Grégoire et Penaux.   Challamel édit. R. de l'Abbaye.

Par Pierre di Cosimo.

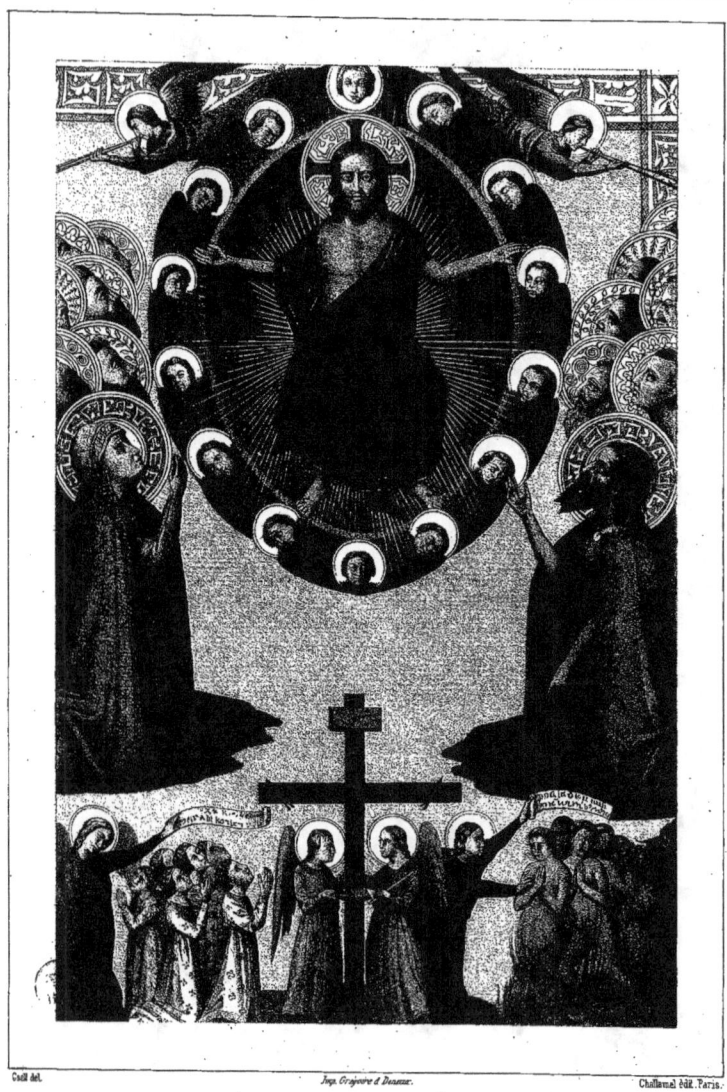

Cadil del.   Imp. Gregoire et Desaux.   Challamel édit. Paris.

Peint par Sandro Botticelli.

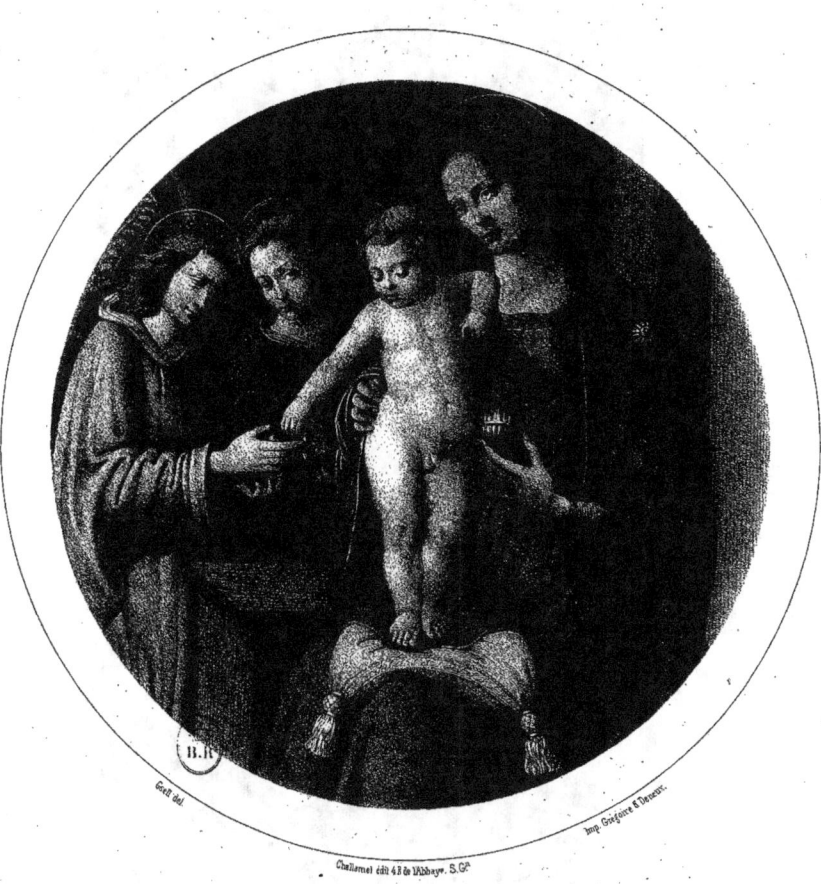

Challamel édit 4 R de l'Abbaye. S.G.ᵗ

Peint par David Ghirlandajo.

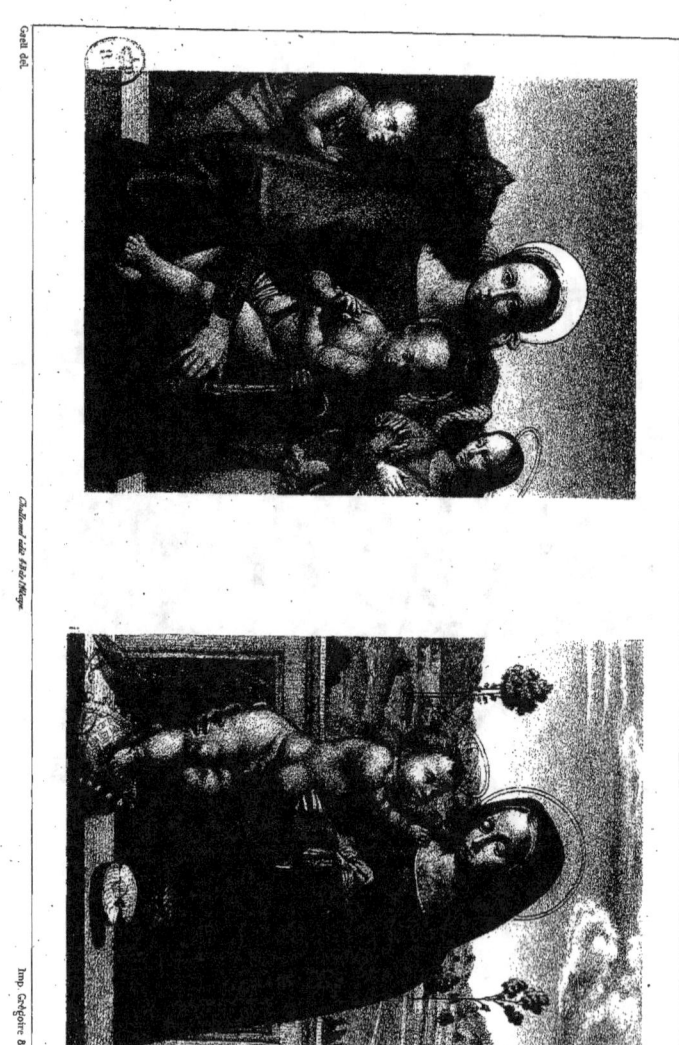

Gaelt del.

Chalderma' suiv St Mr/Mege.

Imp. Grégoire & Deneux

Par David Ghirlandajo.

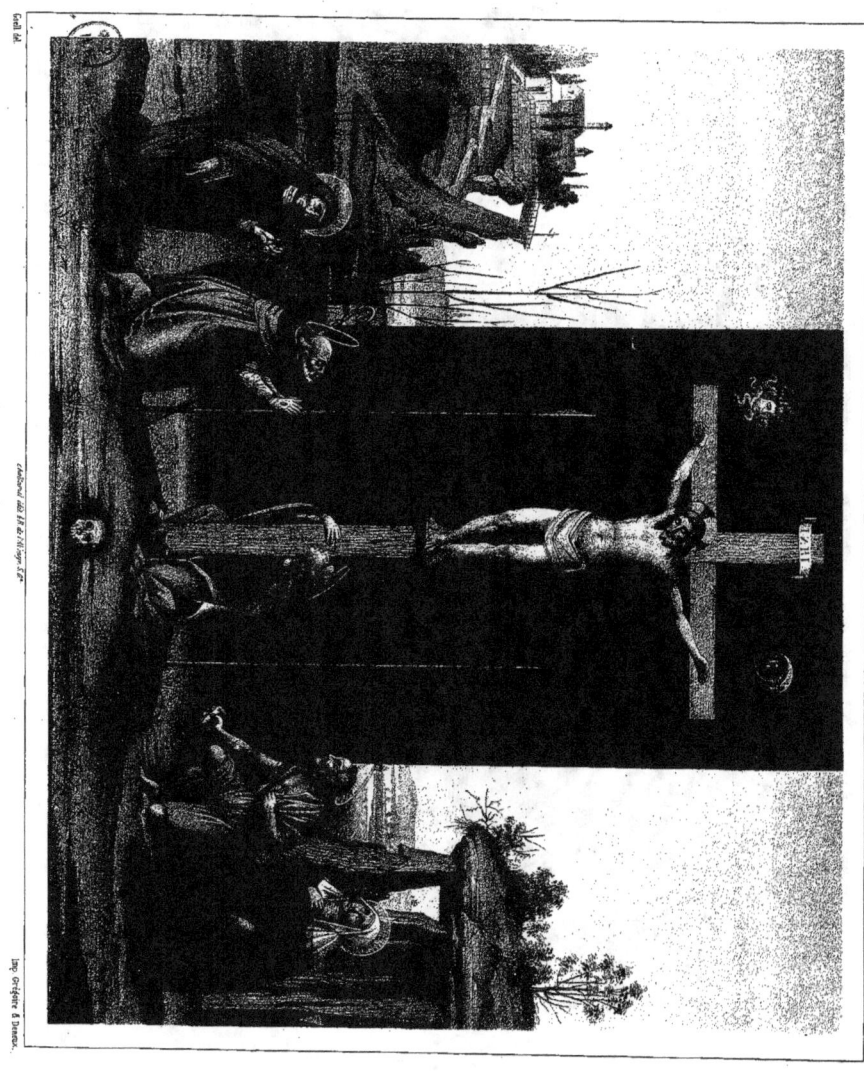

Par Dominique Ghirlandajo.

Gadl. del.

Imp. Grégoire & Dineaux.

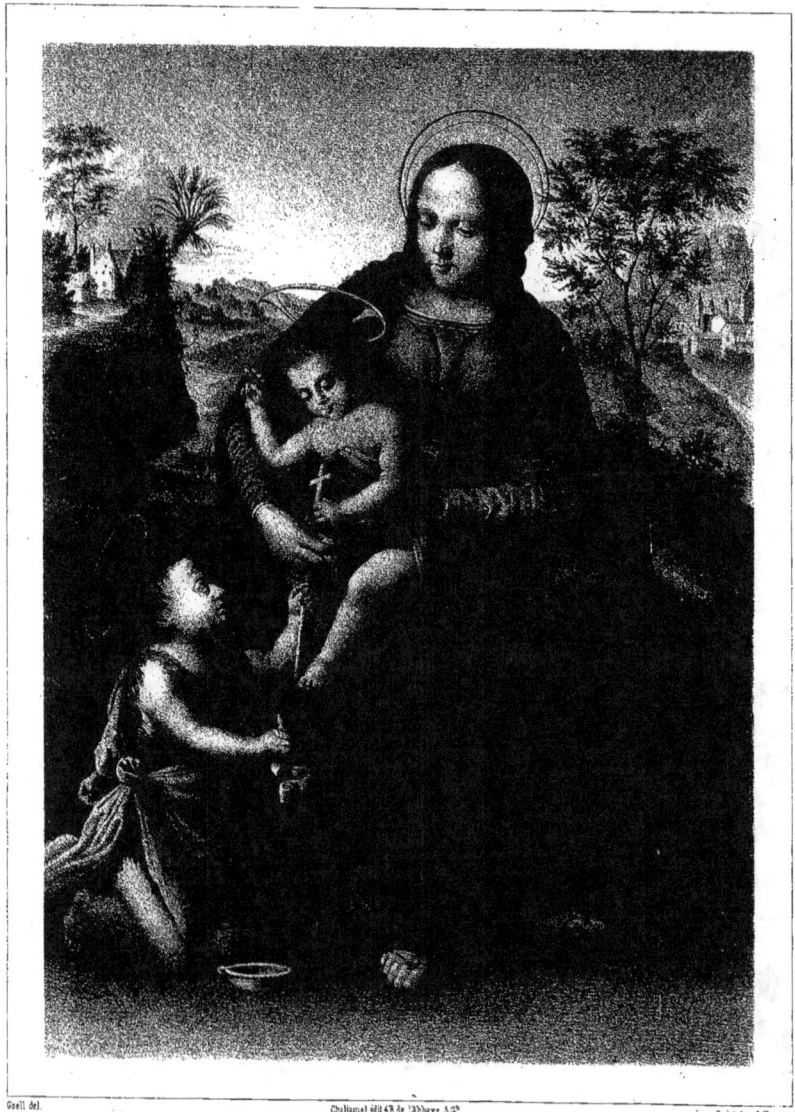

Goell del.   Challamel édit 47 de l'Abbaye. à 15°   Imp. Grégoire & Deneux

Peint par Pierre Vannucci dit le Pérugin.